魔のJR中央線

自殺霊の撮影で判明したこと

斎藤斎霊
Saito Sairei

たま出版

■山梨県「片手千人斬り」の史跡（①～②）

①

②

■山梨県青木ヶ原樹海（③〜⑥）

③

命は親から頂いた大切なもの
もう一度静かに両親や兄弟、
子供のことを考えてみましょう。
一人で悩まずまず相談して下さい。
連絡先
防犯団体連絡協議会・自殺防止連絡会
富士吉田警察署　22-0110

④

⑤

⑥

■静岡県熱海市錦ヶ浦（⑦〜⑩）

⑦

⑧

⑨

⑩

■福井県東尋坊（⑪～⑭）

⑪

⑫

⑬

⑭

■栃木県日光市華厳の滝（⑮〜⑱）

⑮

⑯

⑰

⑱

■サイパン島バンザイクリフ（⑲〜㉒）

⑲

⑳

㉑

㉒

■埼玉県秩父・水子地蔵寺（㉓〜㉖）

㉓

㉔

㉕

㉖

㉗

■平将門の首塚（東京・大手町）

㉘

■一般のお寺の墓地

まえがき

私が初めて身近な人間の自殺に直面したのは、次の手紙がきっかけだった。

前略　初冬の寒さが身にしみはじめましたですね。日頃さまざまな教えをいただきありがたく存じております。また、修行の間違い等を導いていただきありがとうございました。

ただ、現状においては経済面で行き詰まってしまい、この年で夜逃げもならず、遂にこの世を去ることを決断致しました。もちろん、このような手段をとることによって十七霊界への昇天は、かなわぬかもしれぬ……という不安を抱きながらも、もう、それしか採るべき手段もありません。昨日も心に迫るお教えを賜りましたが、現状、すでに間に合わず、せっかくの教えを現世で生かすことができず、非常に残念でなりません。

つきましては、十一月の月次祭、祭式の写真、出来上がったものを同封いたしました。我が人生の過ちを大神様はじめ、ご迷惑をおかけする皆様へ深くお詫びする所存です。

先生、いろいろありがとうございました。

奥様はじめ、お世話になりました皆様によろしくお伝えください。

早々

平成六年十一月十八日

××××より

今でも忘れはしない。昨日まで行動をともにした人間から、このような内容の手紙を突然もらった衝撃……。最後を読み終わる頃には手が震えていた。正直言って、この手紙に対して、自分はこれからどのような処置をとればよいのか戸惑った。

当時から、私はある会を主宰していたので、まずその会長に相談した。そして、彼と一緒にアパートへ車を飛ばした。

緊急を要す。相手はいつ自殺を決行するか分からないからだ。

だが、ほっと胸をなでおろした。彼がまだアパートにいたからである。いろいろ話し合ったが、原因は消費者金融からの多重債務で首が回らなくなったとのことである。まさか、彼がこのようなことで悩んでいるとは想像もつかなかったが、事実は事実である。この事実を避けて通るわけにはいかない。会長、私、当人で、三日ほど彼の救済策を模索した。

ちょうどその頃、私は仕事面で中国進出を考え、すでに中国に部屋を借りていたので、とりあえず彼をそこに隔離して住んでもらうことにした。一年も居場所が分からなければ消費者金融もあきらめてくれるだろうという思いであった。そのときは、この処置が正しいものか、正しくないものかは考えなかった。ただ、彼を生かしたい一心で中国への逃避行を選んだのである。

もちろん、消費者金融に追われている立場だから彼に経済的な余裕はない。中国行きの費用はすべて私のほうで工面した。中国へ行ってからの当座の小遣いも持たせ、すぐ中国へ行くことになった。

彼が行ったのは、私の友人が大勢いる大連である。

この処置をもって彼の一命を取りとめることに成功したが、この話には後日談がある。それは本文にゆずることにして（第五章参照）、そもそも私がこの本を書こうとした動機は、私自身も過去において一度は痛切に自殺を考えたことがあるからである。そして、長年の霊研究の立場から、言い換えれば一霊能者の立場から、自殺に対しての防止策を提案したいと思ったからである。

幸いなことに、私は霊研究において霊の写真撮影に成功している。もちろん、自殺した人の霊の写真も撮れるようになった。

ここで、霊魂の写真撮影に至るまでの経緯を簡単に説明しておこう。

フィリピン・セブ島の激戦地へ戦死者の慰霊と霊査（霊的調査）に出向いた時のことである。山奥のある洞窟に入ってカメラのシャッターを切ったところ、なんと戦死した人の霊の写真、なかには顔までも写っている写真が何枚も撮れていたのである。これには、自分ながら驚くと同時に恐ろしさを感じた。以来、そのことはいつも頭から消え去ることはなかった。

その後、機会をみては霊の写真撮影に奔走するようになったが、最近になり、古戦場での霊、水子寺で浮遊する霊、自殺した人の霊まで写真で撮れるようになった。なかでも、自殺の名所として有名な山梨県の青木ヶ原、静岡県熱海市の錦ヶ浦、福井県の東尋坊などで撮影に成功。それらの写真を紹介して、自殺後の霊の実態を赤裸々に暴いてみることにした。

こうした具体的な霊の写真により、おぼろげながら人間の肉体はなくなっても、その霊はいつまでも残り、不滅であることを読者の方々にも認識してもらえるのではないかと思う。いずれにしても、自殺者の死後の世界を解明していくことは、これから自殺を計画（？）している人にはショッキングなことであり、はたと考え直して、やっぱり死ぬのはやめようと考えてもらえれば幸いである。

自殺を決行することによってすべてが清算でき、さらに自分も完全に無になれるものかと疑問が残されるが、実際には、「しまった！　こんなはずではなかった」というのが自殺者の切実なる結果である。

死んではじめてその真実が分かっても、すでに自分の肉体はない。生きている時と同じように意識を持って、それも苦痛をともなった状態でさまようことになる。これらのことを本題で詳しく説明するつもりだが、本書を読んで、死んですべてが終わりでないことを自覚してもらえればありがたい。

なお、私は、自殺して浮遊している霊に対し、しかるべき霊界に昇天させ、霊を救うことができるようになったことも付け加えておきたい。それは、私が自殺の現場へ出向き、霊を救う祝詞《のりと》を唱えると、徐々に浮遊している霊が少なくなるからだ。したがって、時間が経つと霊の写真も撮れなくなってくる。完全に撮れなくなったときが、すべての霊が救済されたことになる。また、その場所での自殺者が激減する。このような状態が分かるのも、霊魂の写真撮影に成功したからこそである。

いずれにしても、この本を読み、自殺後の霊の実態を知り、自殺を踏みとどまっていただければ幸甚である。また、そのような効果が現れれば、この本を書いた甲斐もあり、私の目的も達せられたことになる。

なお、文中、「霊魂」と表現する場合と「霊」と表現する場合があるが、霊魂と使用した時は、霊の塊を想像していただきたい。ただし、霊魂という言葉が続くと重苦しく感じられるときには、単に霊と表現してある。いずれにしても、同じ意味なので、あまりこだわる必要はない。

最後に、この場をお借りして一言お礼を申し上げたい人がいる。それは、風水の件でお世話になった風水環境科学研究所の松永修岳先生および早川真雅氏である。ご多忙のところ再三のご指導をたまわり、心より御礼申し上げます。

◎目次

第一章

肉体は消滅しても霊は永久に存続する

平将門の霊

私の体は、長年の修行の結果、霊の存在をキャッチすることができる体質になった。例えば、古戦場の関ヶ原や武田家の滅亡の要因とも言われた長篠の戦いの地へ出向くと、明らかに戦死者の霊の存在が分かる。体が反応するからである。吐き気がともなったり、悪寒が生じたり、肩が張ったりする現象が即座に現れる。

以前、平将門の末裔《まつえい》の青年と、東京・大手町のビルの一角にある将門の首塚（口絵写真㉗）へ出かけた。大きなビルの一角に厳然として存在する。過去何回か、その首塚を取り除こうと試みたが、その都度、けが人や死者が出たりして撤去をあきらめたと言われている噂の場所である。

このような場所へ霊的現象を調べにいくことを、私は「霊査」と呼んでいるが、これからも文面に度々出てくるので記憶にとどめていただきたい。

さて、将門の首塚に近づいたとき、私の体にどのような変化が生じたか。数分のうちに、まず首根っこに衝撃が走った。そのうち首のまわりが痛くなってきた。明らかに将門は首を斬られていることがこの現象で判明した。同行した青年も、私と同じように首根っこが痛くなったので間違いない。

このような現象を憑依現象と呼んでいる。これを憑き物ということもある。この現象は、霊の存在を認めないことには信じられないが、私の体に明らかに将門の霊が取り憑いたからこそ現れた現象である。それも首を斬られた状態で憑依してきた。おそらく、この現象は、私以外にも霊感体質の人には大なり小なり分かる現象でもある。

ところで、将門が首を斬られたのは、今から千六十余年前のことである。この現象から判断すると、将門の霊が首を斬られた状態で今まで存続していたことになる。だとすれば、肉体が消滅しても霊だけはそのまま消滅しないで残されていたと判断できる。そして、霊感体質の人には、その存在を訴えることをする。これが憑依現象である。

戦没者の霊

第二次世界大戦で戦死した人は二百十万人余とも言われている。大戦中は赤紙一枚で招集され、有無を言わさず戦地に送り込まれ、尊い命が奪われていった。以前、フィリピン・セブ島の激戦地で霊査を試みたことがあった。その際撮影した写真に、顔まで写っていたことがあり、恐ろしさに鳥肌がたったことがあった。また、激戦地の海岸でいまだに日本兵の幽霊が出没するところがあると聞いている。

ところが、この戦地で起きたことを、日本にいるときもリアルに再現させられたことがある。

静岡県のある知人の家を訪ねた時、仏壇に手を合わせて線香をあげた。しばらくして急に脇腹が痛くなり、とっさにその部分に手を当てた。その痛さも、中途半端な痛さではない。痛くてうずくまるほどである。と同時に、「水をくれ、水をくれ」と大きな声で叫んでしまった。家族の者は私の大声にびっくりし、大急ぎでコップの水を持ってきてくれた。それを一気に飲みほしたが、その水のうまさは今でも忘れることができない。

後で分かったことだが、第二次大戦中に戦死した人が家族の中にいて、たまたま霊感のある私に憑依して、死ぬ直前の状態を再現した。そして、直接私に「水をくれ」と要求してきた現象である。おそらく、戦地で脇腹をやられ、虫の息で耐えていたが、よほど、喉が渇いていたに違いない。水欲しさのあまりに私に直接訴えてきた行動である。

しかし、終戦になってからすでに六十三年余の年月が過ぎ去っている。このことは、戦死した人の霊が現時点までも間違いなく存続し、しかも、水を飲みたいという意思表示までをする。たまたま霊感性のある私にそれを訴えてきた。この例でも明らかなように、霊は、死んだ時のそのままの状態でいつまでも存続しているものである。

青木ヶ原の自殺者の霊

もう一つ、これと似たような例をあげてみよう。自殺の名所として名高い山梨県の青木ヶ原に、霊感セミナーの一環として、数人で奥地まで足を踏み入れたことがあった。一時間ほど樹海の中を歩きまわり、迷子にならないよう中途で切り上げ、スタート時点に戻った時、無性におなかがすいたのである。

その時は、私ばかりではなく、ほとんどの人が空腹を訴えてきたので、近くの食堂へ飛び込んだ。山梨県名物のほうとうの大盛りを、噛むのももどかしいようにたいらげた。もちろん、私以外の人たちも同様で、あっという間にどんぶりを空にしてしまったのである。

これを霊的に分析してみよう。

青木ヶ原は、奥へ入ってしまうと迷路のように樹木が生い茂り、なかなか元の道には戻れない。自殺者を捜査する人でさえも、迷子にならないよう、目印の命綱をスタート地点から地面をはわせながら奥へと入っていくそうだ。そのような奥深い樹海へ入っていくのに、自殺者はすぐ自殺しようという考えだから、食べ物を持たないでいく。

ところが、死に場所を求めて、右往左往してさまよい歩いているうちに次第に空腹になる。その状態で自殺を決行するから、当然、霊になっても空腹の状態で樹海をさまようことになる。そこへ霊感のある私たちが入り込んできたものだから、「腹がへった。何か食べさせてくれ」と訴えてくることになる。これは完全に霊の欲求である。おなかのすき方が尋常ではないからだ。樹海を歩き回れば、通常でも腹がへるのは当たり前だが、そこへ自殺者の霊の空腹の訴えも重なるから、よほど胃でも悪い人以外は強烈な空腹感におそわれる。

このような現象が起きることは、霊になっても自殺したそのままの状態で樹海をさまよっている証拠でもある。運良く、その訴えが分かる私たちに憑依できたから空腹を満たすことができたが、もし私たちに巡り合わなければ、彼らは永久に空腹のまま放置され、樹海をさまよい続けることになる。

古戦場の霊

ところで、私の家系は武田勝頼の血を引いていると聞いていたので、武田家にまつわる歴史をいろいろと調べたことがある。

その歴史の中の一つ、武田二十四将の一人である土屋右衛門尉昌次の弟、土屋惣蔵昌恒の話を紹介しよう。

武田勝頼は長篠の戦いで敗れた後、織田・徳川連合軍に追いつめられ、小山田信茂の寝返りによって行く手をふさがれ、日川の川伝いの天目山に逃げた。その中途の崖道に、「片手千人斬り」と呼ばれる有名な武勇の話が伝わっている場所がある。

その武勇伝によると、惣蔵昌恒は垂れ下がった藤つるを左手に持ち、右手で迫りくる敵兵を次から次へと谷川へ斬り落とした。その数、なんと千人に及んだとも言われ、そのため日川の水は三日三晩、血に染まったと言われている。

この地へ私は霊査に出かけたことがある。今でこそ舗装された道路が走っているが、昔は人の擦れ合いもままならない深い谷の崖道であったようだ。現場の立て看板には、当時の狭い道が写真入りで掲示されている。

その日は、できれば霊の写真も撮りたかったので、夕暮れ迫る頃現地へ出かけた。道路沿いに簡単な柵が巡らせてあり、その中に碑と立て看板がある。いつもの救霊の祝詞《のりと》をとなえながらその柵の中へ入った。

ところが、その裏側に回った時に咳き込んでしまった。それが一回や二回どころではない。喘息で咳が止まらない状態を想像してもらえればよい。あまりにも咳き込みが激しいので、道路へ後ずさりしたくらいだ。これは明らかに霊現象である。ただし、尋常の状態ではない。おそらく、刀で斬られた上、渓谷へ突き落とされたのであろう。その時の断末魔の叫びが、このような咳き込みに感じられるからだ。今まで各地の古戦場へ霊査を試みたが、こんな経験は初めてである。気になったので、しばらく日がたってから、再びそこへ霊査に行ってみたが、やはり同じ現象が起きた。

写真の方は、時間も夜八時頃であり、闇夜であったため、ベストコンディションである。それに午前中、雨が降ったため適度な湿度がある。どうも霊魂の写真は、ある程度湿度がないと写りが悪い。五回ほどシャッターを切ったところ、大きな霊の塊が確認できた。成功である。

すでに武田家が終焉してから四百二十年余がたっているが、このように、いまだに霊は塊になって浮遊している。だから写真にも撮れることになる。果たして、これからも永久にさまよい続けるのであろうか。このことが、帰路いつまでも頭から消え去ることはなかった。

今回、はっきり大きな霊魂が撮影できたことで、読者の諸氏も、肉体は消滅しても霊魂は永久に存続することが納得していただけたものと思う（口絵写真①～②）。

第二章

人間には霊魂がある

死者のあいさつまわり

本章のタイトルには「霊魂」という言葉が使われているが、それは一つの丸形の塊でもあり、本章ではあえてこの言葉を使うことにした。しかし、本章以外では、たとえ人間霊であっても霊と表現する。霊魂というと重々しくなり、イメージ的に大きな塊を想像するからである。

ここでは、人間は誰でも霊魂があることを、いろいろな例をあげて実証してみようと思う。世の中には、〝そんなものあるわけはない〟と完全に否定する人も結構多いのだが、これから話を進めるうちに読者の諸氏も認めざるを得なくなってくるだろうと確信している。

先に霊魂は塊であると言ったが、具体的にその大きさを言うと、長さ二十センチ、幅十五センチくらいの楕円形を想像してもらいたい。写真撮影に成功したもののなかには、これより大きいものもあり、また、円形のものもあるが、古戦場などでは円形に近いものが多い。

それでは、これから数々の例をあげて、霊魂があることを実証してみよう。

読者の諸氏は、次のようなことを耳にしたことはないだろうか。

「深夜、風もないのに窓ガラスが音をたてて鳴り響いた」

「病室の入り口のドアが勝手に開いてしまった」

「夜中に扉を叩く音が聞こえた」

などなど…。私は何回か経験しているので疑う余地はないが、実は、これらはすべて霊魂の仕業である。


人間はたいがい、死ぬ前に霊魂が肉体から出るようになっている。人によっては一週間前の時もあるし、三日前の時もある。場合によっては死ぬ寸前のときもある。自分の死を近親者に知らせる場合、霊魂は行動を起こして知らしめようとする。これを「死者のあいさつまわり」などと言っている。また、これらの死者のメッセージを感じ取ることを〝虫の知らせ〟などと言っている。霊感性の強い人はこうしたことを度々経験するようだ。

私の父親が亡くなった時、甥の子どもにその現象が起きた。三日前に父親の姿が夢枕に立ち、あいさつをして消え去ったという。非常に霊感の強い子どもだから分かったことだろう。

病室などで、勝手に入り口のドアが開いてしまうのも、これからあいさつに出かける霊魂が、ドアを開けて出ていくためである。

隣の主人があいさつに

死者のあいさつまわりということでは、私自身、身の毛のよだつ思いを体験したことがある。

次の話は、隣のご主人が五十歳前後の時の話である。

彼は、私の住まいの隣でレストランを経営していたが、ガンの症状が出たので入院をした。ある日の朝、いつもながら神前に座り、あいさつをし、短い修行に入った。

しばらくして、「斎藤様、長いことお世話になりました」と言いながら、二度も三度もあいさつをしている隣のご主人の霊の気配を感じた。

待てよ、隣の主人はガンで病院に現在入院中、まだ、生きているはずなのに……。大変なことになった。霊魂があいさつにきてしまった。あいさつにきたことイコール死を意味するのである。私はとっさに家内を呼んだ。

「このことは誰にも話せることではない。お前だけには話しておく。隣のご主人、あと数日の命だよ」。

三日後の朝、それが現実になった。ご主人の遺体が霊柩車に乗せられ、静かに自宅へ戻ってきたのを多くの人が迎えたのである。三日前のあいさつまわりは間違いではなかった。生前、よく話し、仲が良かった私のところへ、お別れのあいさつに来てくださったのだ。肉体から抜け出た霊魂だけが……。

この話は、後日、町内の話題にもなり、霊能者の看板をかかげている私の面目が保たれたことは言うまでもない。

セブ島での星占い

これからお話しする内容は、私が十六歳の頃よりお世話になった恩師、丸山天霊師が体験したフィリピン・セブ島で起きた実話である。師は、第二次大戦中、中央大学卒業と同時に陸軍に入隊し、フィリピンへ派兵された。現地教育で幹部候補生となり、やがて前線へ駆り出された。

これからの話は、私が監修して本になった「植物霊物語」（新生出版）に記載されているので、そのまま引用する。

※

比島セブ島では、圧倒的に数の多いアイケルバーガー中将指揮の米軍と対戦したが、日に日に日本軍は苦戦となり、ついに山中に逃げ込むこととなった。師は、部下数十名を率いて比島の山中を転戦し始めたが、本隊と別れる時、砂糖や缶詰より塩を多くもらって出た。これから暑い比島の山中をどのくらい逃げ回るのかわからぬと考えた時、まず何よりも塩が大切だと判断したからであった。

ほどなく、本隊から持って出た食糧は食いつくしてしまい、暑い山中を飢えと風土病・熱帯潰瘍等に悩まされ、かつ、連日の米軍の激しい攻撃に生命をかけての悪戦苦闘は、文字どおりこの世の生き地獄であった。

食えるものは何でも食わなければ命をつなぐことはできなかった。部下は戦闘と飢えによる栄養失調で、一人二人と死んでいく。湿気が多いので、一週間くらいで白骨となった。暇があれば皆、「これからどうなるのだ。いつ頃俺は死ぬのだろうか」などという話が出た。部下の高橋という兵長が、星占いで皆の運命を占っていた。この占いがよく当たって、気味の悪いほどだった。あの兵は明日死ぬというと、そのとおり戦死した。某軍曹は明日腹に弾を受けて死ぬというと、やはり、そのとおり翌日敵弾を腹に受けて死んでいった。

隊長だった丸山は、その高橋兵長から、「隊長は良い太い運命線を持っている。強い線を持っている」とよく言われた。しかし、到底生きて帰れるとは夢にも思えない状況であった。

このような毎日が続くなか、ある時気づいたことがある。それは、部下がそれぞれ死ぬ前に、本人の体から、何か白っぽい、もやのようなものが抜けていくのである。

二人目三人目と、皆、死ぬ前の日に体から白っぽいものが抜けていくのが見えた。

その白いものは一体どこへいくのだろうか。

その白いものが霊魂というものであろうか。

師は、運良く内地に生還したのちも、この二つの疑問点が一日とも頭脳から消え去ることはなかったという。そして、亡き戦友を思うにつけ、ついに大蔵省の要職を棒にふり、霊研究の道に入らざるを得なかったようです。

※

以上が「植物霊物語」の中の霊魂確認の場面であるが、丸山天霊師は何回か体験しているうちに、霊魂の存在がゆるぎない事実として、フィリピンで強く認識されたのである。

霊魂の重さは三十五グラム

この三十五グラムという数字は、丹波哲郎・著「あなたの死後の運命」（文香社）の本に記載されていた数字である。一九六六年、ドイツの科学者七人が最高の霊魂測定装置をつくり、人間が死んだときの体重を測定した結果、生前より科学的には分析できない重量が三十五グラムあることを突きとめ、これが霊魂の重さではないかと発表した。その後、六十九・五グラム説なども発表されたが、いずれの数値においても言えることは、人間が死ぬ間際の体重と、死んでからすぐ測定した体重の差が、明らかに生じるということである。この差こそ、霊魂の重さであると主張する科学者が非常に多くなった。

その差が生じるのは、人間ばかりではない。他の動物で研究した人がいる。理学博士の川田薫氏の説だが、彼の著書「生き方を創造する生命科学」（たま出版）の文中で次のように述べている。
「命はエネルギーの凝集体であり、質量を持ち、重さとして計ることができることも分かりました。さらにラットによる実験で、生命体は死後、命の重さの分だけ体重が軽くなることも分かりました。しかも、命が体から抜け出るときには、体重が急激に減少するのではなく、時間の経過とともに徐々に減っていき、命が完全に体から離れるまで一定の時間がかかることも理解されたと思います」。

川田氏はこのことを、ラットを使って研究を行ったところ、体重約二十五グラムのラットは、死後時間の経過とともに約七十ミリグラム～一〇〇ミリグラムの体重の減少が見られたという。氏は、これを「命の重さ」であると考え、命の重さは質量を持ち、それを測定できることを実証した。

私の脳裏には、これらの研究のことがいつまでも記憶として残っていた。たまたまアメリカのロサンゼルスに滞在していた二〇〇三年、このことをテーマにした「21グラム」という映画が、アレハンドロ・ゴンザレス・イニャリトゥ監督によって製作された。その時の映画のキャッチフレーズがあまりにも印象的だったのでメモにした。映画の内容の説明書きとともに紹介しよう。


命の重さは何グラム?

21グラム。それは、人間が命をなくした瞬間に失う「重さ」である。男も女もお年寄りも赤ちゃんも、健康だった人も病気だった人も。

最期の瞬間、誰の身体からも同じように21グラムが消える。

これは一体何の重さなのか。

心臓? 空気? 細胞? 霊魂? それとも?


映画の筋は、まったく見知らぬ三人が、ある事件をきっかけに交わり始める。飲酒運転で三人の親子をひき逃げしてしまう前科者ジャック。幸せな家庭から、一転、夫と娘たちを失って孤独に苦しみ、ドラッグにおぼれるクリスティーン。そして、心臓病を患いながらクリスティーンの夫の心臓移植により命をとりとめ、そうとは知らずに彼女を愛し始める教授ポール。

ジャックの起こした交通事故を境に、三人とも呼吸はしているが、まるで「21グラム」を失ったような堕落した人生を歩みはじめる。「21グラム」という数字は、それぞれ違う意味を持っていた。妻と二人の子どもを持つジャックにとっては、クリスティーンの家庭を崩壊しながらも逃げてきてしまった自分への「罪の意識」。夫と娘をなくしながら愛に飢え、やがて夫の心臓を持つポールに引かれていくクリスティーンにとっては「愛」。そして、彼女の精神を救い出したいポールにとっては、ジャックへの「復讐心」。お互いの人生を、ある事件を境に傷つけてしまった彼らは、自分たちが奪ったものを償うために葛藤する。ただし、傷つけたものへの直接的な償いではなく、間接的なものである。

失われた命は戻らないけれど、その命を必要としている別な人への償いは、きっと何らかの意味を持つ。彼らの葛藤は、私たちの日常生活にも置き換えられるものでもある。

本当に親孝行をしたいと思った時には、もう親はいない。ありがとうと言いたかった人には、もう会うことができない。そのようなことはよくある。それを、間接的に、別な人に償いの意味を持って応えることである。

私たちは、この世に命を受けて新しい命を生み出していく。そして、その命はやがては消え去っていく。これが人生。このようにして、「21グラム」のリレーをしていくのが人間社会なのかもしれない。

以上の文面がその映画の内容だが、ここで私が言いたいのは、死ぬ直前と、死んですぐ後の体重が明らかに違うこと。その差こそ、霊魂の重さと断言したい。つまり、人間、誰しも霊魂を持って生まれているということを、分かってもらいたいのである。

水死者の霊はどこから出るか

さて、人間には霊魂があると断定した場合、その証拠に、前項で霊魂の重さについて記述したが、もう一つ面白い判定法がある。

これは、溺れて死んだ場合、あるいは入水自殺をした場合の検死の方法である。水死者のことを俗に「土左衛門」というが、昔の警察は、完全に死んでいるかどうかを検死する際、その土左衛門の体をうつぶせにして肛門を調べたという。

肛門がガボッと広がっている場合は、死んでいると断定したそうだ。なぜかというと、霊魂が身体から抜け出る時、必ず、お尻の肛門を通り道にして、体外に出ると言われているからである。そのため、死ぬと肛門が異常に広がってしまう。私の祖母が、死ぬ間際に、山のように大便をして亡くなったことを記憶しているが、何か共通点がありそうだ。首つり自殺をした人も大便をたれ流しにして死ぬそうだが、おそらく、その時霊魂が一緒に抜け去ったことであろう。

参考に、入水自殺について書いてみよう。

自殺の中で最も未遂率が高いのが入水自殺である。入水自殺の死因は、一部心臓麻痺で即死する場合もあるが、ほとんどが呼吸困難による窒息死である。自殺の方法としては、苦しみながらの決行だから、その苦しさに思わず必死で泳いでしまうらしい。溺れてから死亡に至るまでに四分〜五分、海水では八分〜十二分かかると言われている。したがって、未遂率が一番高い自殺方法である。

最近多いのは、車ごと水中に飛び込むケースである。これだと簡単には車外に飛び出すわけにはいかないので、未遂率は極めて低くなる。中には、自分の体をロープで念入りに縛り、さらに重しをつけて自殺した人もいたが、苦しくても泳げないため完璧に死を選べることになる。

しかし、重しをつけても浮かび上がってくる「土左衛門」がいるため、あわや迷宮入り寸前の殺人事件が度々発覚される。それが他殺・自殺を問わず見つかるのは、「自殺のコスト」（雨宮処凛・著、太田出版）によると、以下の理由からだそうだ。

「それは水死体の腐敗ガスの充満によるものであり、ちょっとやそっとの重りでは浮かび上がってしまうらしい。醜い土左衛門姿をさらけだしたくない人は、一〇〇キロ以上の重しをつけた方がいい。なにしろ七十キロの重しをつけた死体が浮かんできたこともあるのだ。自殺が殺人事件と間違えられてしまうのも、このような工作をするところに原因が潜んでいる。以前、体にいかりを結びつけて海に飛び込んだ人がいたが、自分の遺体が発見されないようにしたかった気持ちも分からないわけでもない。

とにかく水死体、通称「土左衛門」は、死体の中でも突出した醜さであり、顔や体は見分けがつかないほど腫れ上がり、皮膚が削げ落ち、男性は陰嚢《いんのう》が風船のように膨張し、とても見られたものではない。自殺者本人にしてみたら、魚に食われた方がましだろう。ちなみに、「土左衛門」というネーミングの由来は、成瀬川土左衛門がまるで水死体のようだったところからだが、この人も気の毒だ」

ここで参考に、「土左衛門」の由来について詳しい説明を付記しておこう。

江戸時代の享保年間、力士だった「成瀬川土左衛門」が色白で相当太っていたため、体の膨れあがった水死体をふざけて「土左衛門」と揶揄して言ったものが定着し、それから水死体のことを「土左衛門」というようになったとされている（山東京伝随筆「近世奇跡考」）。

第三章　死んでも痛みは残るもの

交通事故死の場合

次に、交通事故で亡くなった人の霊の状態を取り上げてみよう。

彼女はベテランの女性ドライバーであったが、大事故に遭遇した。それは、夜も明けきらない午前四時半頃、鋼材を積んだ大型トレーラーが対向車線から自分の車に飛び込み、その結果、運転席に鋼材が突き刺さり、即死したのである。原因は、相手のドライバーの居眠り運転だったようだが、そのドライバーは事故自体をほとんど覚えていないと言っていた。

さて、私がその事故現場に着くと、とたんに頭が割れるように痛くなった。これは、間違いなく頭を強く打って即死したに違いない。

「痛いよー。頭が割れんばかりだー。どうにかしてくれー」

私にすがるように霊が訴えてくる。たまたま手が離せないことをやっていたのでしばらく放っておいたが、再三にわたり懇願してくる。もちろん、私の頭も痛いのだから、早くその処置をとってあげたいのはやまやまである。その処置とは、と仰々しく申し上げたが、実は、私は憑依された霊に対し、神道のある霊界にそれらの霊を引き上げることができる。神道では、これを「霊を昇天させる」と言っている。

わずか二十分くらいでその儀式（？）は終了するが、午後五時ごろ、やっと時間がとれたので、その儀式を行うことにした。すると、どうだろう。みるみるうちに頭の痛さが消え去った。憑依霊が完全に霊界に昇天すると、どのような痛みもピタリと止んでしまう。信じられないくらい、頭の痛さが解消した。だが、この現象は一般の人には分からない。

私がここで言いたいのは、仮に私がその儀式をやらなかったとすると、その事故死した霊は、いつまでも頭の痛い状態で現場に放置されることになる。したがって、彼女の肉体はなくなっても、彼女の霊は永久に頭が痛いことを誰かに訴え続けることになる。これが交通事故死の霊の実態である。

ライブドア事件の野口氏の霊

二〇〇六年一月十八日、ライブドア事件で野口英昭氏が自殺したことは、すでに周知のとおりである。自殺か他殺かでマスコミの話題になり、度々テレビでも放映していた。しかし、野口氏の自殺を信じる人は少ないのではないかと思う。実際、野口氏の死に関わった人間が都内に潜伏しているという情報を流した人物がいた。噂によると、野口氏が副社長をしていたエイチ・エス証券では、他の証券会社では引き受けない資金も相当受け入れていたとか。その中にはヤクザマネーも入っていたようである。週刊誌によると、トップの側近がヤクザと豪遊しているとか、ヤクザ企業が絡んでいるとか書かれていた。

野口氏の不可解な死は生きている関係者の口封じであり、一説によると、本当は宮内氏が狙われていたが、すでに検察が張り付いていたために、その標的が彼にかわったとも言われている。関係者への一種の見せしめでもあり、沖縄のある暴力団があのような殺し方をすることは知る人ぞ知る方法であり、そのことを知っている関係者には、より効果的な方法であると言われている。沖縄県警では、野口氏の死は自殺と断定し、再捜査の要請もあったにもかかわらず、それは行われなかった。

野口氏の傷口は深く、なんと八センチにも達していた。果たして、自らの手であれほど深部に刃物を届かせる力があっただろうかということが、テレビで問われていたが……。この項はその真偽を問うことを目的としていないので、これ以上は触れないことにしよう。

ただ、私がここで言いたいのは、自殺、他殺、どちらであっても、霊化した後もその痛みは継続して残り、しかも、その意識がしっかり残り、いつまでもその状態が続くことである。野口氏の死亡の原因は、刃物による深い傷が致命傷になったが、あれだけ深部に刃物が届けば、その痛さも中途半端ではないものと想像する。

いずれにしても、霊になってもその痛さに意識を持って耐えなければならない。亡くなっても、その苦痛から逃れることは絶対不可能であることを言っておきたい。

したがって、自殺しても、「こんなはずではなかった。さあー大変だ」ということになる。前述した交通事故死の例でも分かっていただけたと思うが、霊自体が痛みをともなって浮遊しているから始末が悪い。私が沖縄のホテルの現場へ行けば、おそらくその痛みに脇腹を抱えてひっくりかえるかもしれない。霊は、分かる人には強烈に訴えてくるからだ。

飛び込み自殺の霊

自殺の中で、最も致死率が高いのが電車への飛び込みである。多い日には一日何回かその知らせを聞き、その都度、多くの乗客が迷惑を被ることになる。今や人身事故のメッカと汚名をきせられているJR中央線は、半日に三人飛び込んだこともあるそうだ。JR中央線を管轄するJR東日本管内では、年間二百人前後が飛び込んでいるという。

JR中央線は、なぜそんなにも飛び込みが多いのか。その謎については最後の章で詳しく述べることにして、ここでは飛び込み自殺について簡単に述べておく。

飛び込み自殺の場合は、ほとんど即死だから、当事者は一瞬のうちにこの世とお別れができる。ただし、残された事故後の処理には、並々ならない苦渋と多くの人に迷惑がかかることを自殺者は分かっているのだろうか。

ここで、自殺後の身体の処理についても少しふれておく。めったに聞くことができない話であるから……。

まず、救出活動という名目で死体を回収し、一刻も早く電車を動かすことに全精力を傾け、遅くとも三十分以内で復旧させるという早業であること。したがって、あとで肉片や骨が発見されることは度々あるらしい。いずれにしても、散乱した遺体を完全に回収することは至難の業のようである。

ただ、総じて私鉄の方がＪＲより電車の復旧が早い。では、なぜ私鉄がＪＲ関係より復旧が早いのか。その理由は、前出の「自殺のコスト」によると、次のとおりである。

私鉄の場合、原則的に飛び込んだ人の「生死の判断」をせず、まず救出作業にかかる。つまり、「救出活動」という名目でまず死体を集め、とにかく一刻も早く電車を動かすことをめざす。警察は、「救出活動」の際に駅員が現場で撮影しておいた写真や、復旧した後の現場を見て検証する。復旧までの時間は長くても二十分以内だ。

一方、ＪＲの場合は、生きている場合は救急車で運ぶなどの処置は取るものの、明らかに死亡していたり、呼びかけに対して反応がないと、そのままシートをかぶせて現状保存をし、警察の到着を待つ。あくまでも警察による現場検証を優先させ、それからやっと運転再開となる。この違いこそが、私たちが日頃感じている、私鉄の人身事故はすぐ電車が動くが、ＪＲは一時間近くも遅れるという経験則に通じているのである。

さて、後のことなど一切構わず自殺を決行した当人の霊は、いかにと言えば……。

やはり、肉体が散乱するがごとく霊も車輪にひかれてぐしゃぐしゃに変形し、元の形をとどめない。そんな状態でも意識はあるから、たまったものではない。筆舌に尽くせない痛さの連続である。

正直言って、私はこのような霊に憑依された経験がない。しかし、前述したように、交通事故で即死した霊に憑依された際、十分、その状態を理解する経験をさせてもらった。交通事故で頭がすっ飛ぶ事故と、電車に飛び込んで頭がすっ飛ぶ事故とは、さほど状況は変わっていないと思う。とにかく、そのような霊に憑依されれば、口さえ開くのもいやになる。おまけに、独特な深い痛みが強烈にともなう。要するに、霊になってもその痛みは続くことである。

以上のことは、今まで数多い経験から味わったことであり、間違いないと断言する。

この苦痛から逃れたいために、絶えず誰かに訴え続ける。訴えても、訴えても、このことは普通の人には分かってはもらえない。そのあげく、まったく関係ない人を事故に誘導する。これが引き金となって、飛び込み自殺が多発する。これが、魔のプラットホーム、魔の踏切の出現である。

痛みを家族に残す

自殺した時の痛みを家族に残すことがある。

次に述べることは、私のところに相談に来た人の話である。

その人は、「いつも首を締められているような気分です。どうにかならないでしょうか」と、短刀直入に聞いてきた。

具体的な内容が分からないため、私は細部にわたって問いただしてみた。あれやこれや話しているうち、最後になって、「実は、家族に自殺した人がいるのです」と、小さな声でつぶやいた。私は、それが原因だと直感した。

第一章で、平将門の首塚へ行った時、憑依現象が起こり、霊の状態が自分の体内に映し出され、それも痛みをともなって映し出されることを書いた。私が霊の状況が非常に分かるようになったのも、こうした憑依現象によるところが大きい。なぜかというと、霊の言い分なり、訴えが分かり、場合によっては、それらの霊の言い分・訴えに対して、行動を起こさなければならないケースがあるからだ。前述した青木ヶ原の樹海の話を思い出してもらいたい。空腹の状態で亡くなった場合は、霊になっても空腹である。したがって、それらの霊の訴えである空腹を満たしてあげるためには、余計に食べなくてはならないことが起きるのである。

これと同じように、自殺した時の痛みを家族に残すことが往々にしてある。ここまで話せば、前出の相談者の自殺の方法は、お分かりいただけたと思う。相談者の家族に、首つり自殺をした人がいたのである。これも一種の憑依現象ともいえるが、霊というものは、その家族、身内の体内に宿るようになっている。その場合、死んだその時の状態、そのままで宿るようになっている。したがって、首つり自殺をした者が家族にいた場合、その身内に首の痛い人がいても不思議ではない。

ガンで亡くなった場合は、霊自体もガンに侵されている。交通事故で亡くなった場合は、その要因となっている脳内出血、内臓圧迫など、その状態で家族に宿る。とにかく、自殺するときに発生するその痛みを、家族に残すことがあることだ。この相談者のように、家族の中に首を絞められた状態の人が現れても当然のことである。もちろん、この相談者の悩みは、私がその痛みを取るために、憑依した霊をしかるべき霊界へ誘導することにより、瞬時に解決されたことは言うまでもない。

いずれにしても、自殺を決行する人は、そこまで考える人は、ほとんどいないと思う。しかし、現実の問題として、このような相談者が多くみられ、結果的には家族の者に多くの迷惑をかけていることになる。

霊のことを研究しているうちに分かってきたことだが、家族の自殺が原因となって、その後いろいろな災いを家族の者に残すことがある。それも一代限りではなく、次の代、さらに次の代へと影響を及ぼすことが、往々にしてあることを、この項で強く申し上げておきたい。

仏教では、これを〝因縁〟という二文字で表現しているが、霊の世界では、次の代で現れない場合は、二代三代飛び越えて現れることが非常に多く、「霊のことは七代祟《たた》る」とか言われるようになった所以《ゆえん》でもある。このことについては、拙著「子供は親を選べない――先祖の因縁と子供への影響」（新風舎）に詳しく書いてあるので、興味のある方にはご一読をお薦めする。

すでに自殺を決行しようとしている人は、自殺の時点ですべてが終わりでないことを、ここで強く自覚してもらいたい。家族の者、もしくは次の代の者にまで痛みを残し、迷惑をかけることになるからだ。

第四章

自殺者の言い分

「こんなはずでは……」

死んでも欲望と感情は残る

いかなる方法で自殺して肉体はなくなっても、その霊は意識を持ったまま永遠に存続する。大半の人は、死んでしまえばその時点ですべてが消失し、肉体も霊も、己というものも完全に無になるものと思っているようだ。しかし、残された霊魂は、意識を持っているから欲望も感情もそのまま残ることになる。

そこで、自殺者の霊について、その欲望の実態を明らかにしてみよう。そして、自殺しても、「しまったー、こんなはずではなかった」という霊の切実なる声を、私が代弁して書いてみたい。私がそれらの霊の訴えが分かる立場から書かないことには、一霊能者としての責務が果たせないことにもなり、悔いが残ることにもなるからだ。

自殺にもいろいろな方法がある。頭に浮かんだ順にあげてみよう。首つり・入水・服毒・飛び降り・ガス中毒・焼身・リストカット・電車への飛び込み、最近では、硫化水素の自殺が目立つ。

あらゆる種類の自殺者すべての霊に憑依されたわけではないが、結論としては、「しまったー、こんなはずではなかった」というのが彼らの訴えである。

このことを納得できるかたちで実証してみよう。

これは自殺ではないが、これに代わる例として、その欲望が具体的に現れたフィリピン・セブ島での出来事を紹介しよう。戦地で亡くなった人たちの話である。筆舌に尽くしがたい苦痛や恨み、欲望を残したまま死んだ状況は、自殺者も戦死者も同じだと思われるからである。

前にもふれたことだが、私の師である丸山天霊師は、戦時中セブ島へ出兵して小隊長として指揮をとり、ジャングルの中で死闘を余儀なくされ、部下二十五名を失った。セブ島にはいたるところに激戦地の跡があり、一度その地の霊査を試みたいと長年思い続けていたが、ついにその夢が叶い、一九九七年十二月にセブ島へ出かけ、その地を踏むことになった。

その時、セブ島の洞窟で撮った写真に、霊や顔が写っていたことが、霊魂撮影に入るきっかけとなった。フィリピンでは、セブ島をはじめ、レイテ島・ルソン島・ミンダナオ島などの激戦地があり、三十三万六千余人もの人が戦死している。そこには、現世に未練を残した霊や、欲望や感情をあらわにした霊がさまよっているに違いない。その状態の霊査を試みたのである。

セブ島での憑依現象

セブ島では、現地の人間数人を車に乗せ、旧日本軍のトーチカに通ずる洞窟へ案内された。いまだに焦げくさい臭いが残っている。おそらく、ここでは想像を絶する激戦が行われたことだろう。

さて、そこに浮遊する霊達をしかるべき霊界に送る儀式のため、お酒・ミネラルウオーター・塩などをあげて準備を済ませた。その後、「私たちの師は、このセブ島で戦った皆様の同志です。これから祝詞を唱え、霊界に誘導致しますから、この機会を逃さず昇天してください」と大声であいさつし、そして皆で合掌し、祝詞を唱え始めた。

その時、洞窟の中にサーッと気持ち良い風が吹いてきた。すると、今まで妙に哀れで寂しい気持ちが、「これで助かるんだー」「これで行けるんだー」という歓喜の気持ちに変わってきた。今まで霊としてさまよっていたものが、やっと自分たちの存在が認められ、しかるべき霊界に行けることとの喜びの感情である。

ところが、その儀式を始めると同時に、めったに酒を飲まない一人の女性が、一・八リットル入りの紙容器の酒をラッパ飲みし始めた。それも、近くにいた男性から奪うようにして口元にあてがったのである。さらに、もう一人の男性は、普段たばこを吸わないのに、堰を切ったようにモクモクと吸い始めた。別の女性は祝詞を唱え始めた時から泣き通しである。

これらの状態は、完全に憑依現象である。酒を飲みたい、たばこを吸いたい、この地で死んだ悔しさから、私たちにその欲望と感情を訴えてきた現象である。それらの霊の状態を儀式中に赤裸々に再現したことになった。戦地においては、酒もろくに飲めず、たばこも吸えなかったことだろう。また、祖国でやりたいことをし残した、その口惜しさも訴えたかったことであろう。

洞窟は、それらの欲望や感情、また、霊界に行ける喜びなどで、感激の坩堝《るつぼ》と化した。わずか十五分の儀式であったが、その時の感情は、今もって忘れ去ることのできない強烈な思い出として脳裏に焼き付いている。

なお、後日談として、その儀式に参加した男性諸君の話だが、現地へ同行した女性たちがまぶしいくらい美人に見え、抱きしめたい衝動に駆られたとのことだったが、これも戦死した若い兵士の憑依現象の一端であることと思う。

このように、私たち一行が具体的にその欲望の行動をとらされたことにより、霊になっても、その欲望は強烈に残っていることが究明された。

このことは、自殺者にも同じことが言える。死んでしまえば、「ハイそれまでよ」というわけにはいかない。霊になっても意識を持っているから始末が悪い。当然、現世の欲望と感情は残されることになる。そこで「しまったー、こんなはずではなかった」ということになるのである。

激戦地に出る幽霊の話

戦争の話が出たので、次にいまだに激戦地に出るといわれる幽霊の話をしよう。

その前に、本当に幽霊は出るのだろうかという疑問が残る。私は以前、幽霊に車を止められた経験があるので一〇〇パーセント肯定派である。

それは、北陸の国道八号線を走っていた夜十一時過ぎのことだった。幽霊には足はないという人もいるが、完全に足も確認した。作業衣を着た中年の男性であったが、クラクションを鳴らしてもいっこうに道を譲る気配がない。「危ない！」と叫びながら急ブレーキをかけた瞬間、消え去った。もう少しで幽霊に激突する寸前であった。おかげで、それまでの眠気が瞬時に吹っ飛んでしまった。

さて、場所は定かではないが、今でも日本兵の幽霊が海岸に出るという噂の場所があるらしい。フィリピンのレイテ島では、海上の戦いも含めて八万余人の兵士が命を落としている。ここでは、敵弾に撃たれて戦死した人よりも、食糧の道を絶たれ餓死した人が多いと聞く。こうした人たちが、「何か、食べるものはないか」「今、死ぬわけにはいかない」「なんとかして祖国へ帰りたい」と現世に未練を残し、非業な死を遂げ、その後、霊となって海岸をさまよっていると考えても不思議ではない。現世におけるその執念の強さから幽霊と化し、生きている人間に訴える姿であろう。

霊になっても欲望は消えないと何度も述べてきたように、霊は、意識を持って存続している限り、生前と同じような欲望や感情を持ち続けている。戦地において、酒を飲みたい、たばこを吸いたい、女性を抱きたい、祖国の両親に会いたい、子どもに会いたい、やり残している仕事をやりたいなど、人それぞれの欲望を、必ず持っているはずだ。

しかし、その欲望は、霊となってからは訴えることができない。それを何とかして分かってもらえる手段として、姿をもって出現し、人間の目に訴える他はないと思う。それが幽霊現象であると私は考える。

自殺した人間の霊でも、意識があれば当然その欲望が生じてくる。しばらくご飯を食べていない青木ヶ原の霊のように、食べ物を要求してくる場合もある。戦死して、苦しまぎれに水を要求する霊がいれば、仏壇の前でも水を飲まなくてはならない。結論として、いかなる方法で自殺しても、何かしらの欲望と感情は残り、霊になっても、その欲望と感情に永久に悩まされることになる。

第五章

自殺した状態で霊はさまよう

霊は空腹のままではいられない

霊感体質である私は、霊の訴えが分かるようになったと述べたが、その一つは空腹の霊に訴えられたことに始まり、次第にその場、その場で訴えが分かるようになってきた。

これから述べることは、私が二〇〇三年頃、アメリカのロサンゼルス（以下、ロスと記す）に一年ほど住んでいた時の話である。

私は英語が得意でないため、日本語で生活できるガーデナ地区に部屋を借りて住んでいた。ここからロス市内へ車で行くときは、ガーデナから市内に一直線で通じるウエスタン通りを走ることが多い。街道筋には、メキシコ人の住む町、黒人の住む町、韓国人の住む町と続くので、その景色を眺めながら走るのが一つの楽しみでもある。ある一つの境界線を越えると、がらりと看板の表記と店構えが変わり、よそ見をしながら走るには格好のコースでもある。

ところが、何回かその通りを行き来してから、一つのことに気がついた。非常に空腹になることである。それも、黒人街を走っている時に際だって空腹感を感じる。

なぜ、黒人街で感じるのだろうか。その謎を解くのにしばらく時間がかかった。黒人……黒人の先祖は……と一瞬ひらめいた時、その謎が解けた。

黒人がアメリカに住むようになった原点は奴隷である。奴隷の中には、ひもじい思いをして亡くなった人がたくさんいたに違いない。重労働を強いられたあげく、最後はろくに食べ物も与えられず無残な死に方をした奴隷も大勢いたことだろう。そのような霊が、私に空腹感をもって訴えてきたのである。

このことに気がついてからは、空腹を満たすために、ロス市内の帰りには必ずガーデナの日本食レストランで刺し身天ぷら定食の大盛りを食べるのが定石になった。相当量の食事であるが（日本の食堂に比べて、盛りつけの量が多い）、瞬く間に胃におさまり、その後の満足感は陶酔の境地とでも表現すべきであろうか。長い間、空腹の状態でさまよっていた霊が、やっとその願いが叶った瞬間である。それから、私はそれらの霊に対し、霊界に送る祝詞を唱えてあげる。すると、霊達は満足な状態で霊界に旅立っていく。これで一件落着となる。

その後、私も予算の関係で何度も大食いをするわけにもいかず、少々遠回りになるが、ウエスタン通りから国道一号線に迂回することが多くなった。すると今度は、お腹がへらない。例の刺し身天ぷら定食は一〇ドル近くしたので、度々食べるわけにはいかない金欠病の事情があった。が、予算の関係とはいえ、いまだに申し訳ないことをしたと思っている。

さて、このアメリカでの体験を、山梨県の青木ヶ原樹海でも体験したのである。樹海をさまよう空腹の霊達により、どのくらい近くの食堂へ駆け込んだか分からない。青木ヶ原では、食べ物を持たないで原野をさまよい、空腹の状態で睡眠薬を服用し自殺している人が多いからである。

いずれにしても、空腹の状態であの世へいった場合は、霊になっても空腹の状態で存続していることである。

死んでも痛みはそのまま残る

死んでしまえば痛みという感覚もなくなるものだ、と思っている読者の諸氏も多いことと思う。実はそうではない。前述した、居眠りトレーラーが中央分離帯を飛び越えて事故に遭い、その結果、即死した女性ドライバーの話を、思い出してもらいたい。

その時、彼女は頭をやられたため、その痛さを私に痛切に訴えてきた。当日は、事故後の現場処理でごったがえしていたが、その間、「早くどうにかして！　痛い！　痛い！」の連続の訴えである。私自身も強烈な頭痛に襲われたが、ようやく彼女をしかるべき霊界に送る儀式を済ませたのは、その日の午後五時頃であった。もちろん、その儀式を済ましてから嘘のように頭痛が消え去った。私が霊を送る、しかるべき霊界には、霊の病院があり、彼女の霊を一度入院させ、その痛みがとれるよう霊的処置を施すようになっている。したがって、退院後は霊のままでも痛みは残らない。その儀式と処置をしないことには、霊感体質である私は永久に彼女の強烈な頭痛に悩まされることになる。

これと同じように、第二次世界大戦の戦没者の霊も、戦地で亡くなった状態のまま、霊となってもその状態を繰り返すことになる。過日、テレビで放映されたレイテ島の悲劇では、食糧輸送の道をたたれ、栄養失調で死んだ人、餓死した人が過半数であり、口に入るものは何でも食べた人のみが運良く助かっただけであると報じていた。

いずれにしても、このレイテ戦では八万余の人が死んでいる。おそらく、私がレイテ島へ行った場合は、途端にロスで体験したのと同じ空腹感に悩まされることであろう。また、敵弾に撃たれ負傷した状態を再現するかもしれない。

以前、静岡の知人の家を訪ねて仏壇に線香をあげた瞬間、私の身体に憑依現象が起こり、脇腹をかかえてうずくまったことがある。初めて訪ねた家だから、戦没者がいることは知るよしもない。脇腹に激痛が走り、「水をくれ、水をくれ」と叫んでしまった。おそらく、その戦死者は脇腹に敵弾を受け、苦し紛れに水を要求してきたことだろう。死に際の最後の水を、よほど、飲みたかったに違いない。

はからずも、私は戦地で亡くなった霊の姿を再現してしまったが、しかし、その時もしかるべき霊界にその霊を送ってから、私の状態は完全に元に戻ったことは言うまでもない。

第二次世界大戦後すでに六十三年の年月が流れているが、いまだに、戦地では日本兵士の幽霊が出る海岸があると噂されている。幽霊になっても、今なお訴え続けたい霊の言い分があるに違いない。霊になってもその痛みは残り、また、現世の欲望と感情が残り、それが幽霊と化し、今なお、出没しては訴え続けていることだろう。

ニューヨークテロ事件の現場で

二〇〇一年九月十一日、ニューヨークの世界貿易センタービルがテロ攻撃により崩壊したことは周知のとおり。このテロ行為による死者・行方不明者は三千六百余人にのぼり、米国で一日に発生した死者数では南北戦争以来という歴史的大参事となった。

私は、たまたまこのテロの二カ月後にニューヨーク市内にある超心理学財団と面談を進めていたため、事故の現場に直接赴き、霊査を試みる機会に恵まれた。現場に足を踏み入れたのが十一月十三日、テロが起きてから二カ月が過ぎていたが、これからどんな現象が私に現れるのか、また、どんな霊現象が私を襲ってくるのか、想像するたびに心臓がときめいた。

ところが、当日の朝、寒いこともあって街角のコーヒーショップへ入り、一気にコーヒーを飲み込んだときのことである。

「熱い！」

一瞬、吐き出そうかと思ったが、すでにコーヒーは喉元を過ぎた。軽症のやけどを負った。これから火災現場に行かなくてはならないのに、よりにもよって喉をやられた。もしかして、これもテロ事件で亡くなった人の前兆かと思ったが、そう思うと、急に現場に行くのが恐ろしくなってきた。

それでも、現地の人の案内で、午後三時過ぎ、いよいよマンハッタンにある崩壊現場へと向かう。タクシーを途中下車し、現場まで歩く。この惨事の現場を一目見ようという人たちでごった返していたが、私はできる限り至近距離で見られる場所を探し歩いた。

現場に近づくにつれて、焼け焦げた異様な臭いが鼻につく。私の心身に、次第に反応が現れ始めた。やるせなさと強烈な念、怒り、嘆き、悲しみ、絶望感……。そして呻き声や怒濤の声が耳をつんざく。

「何でこんなことで死ななきゃならないんだー」

「何で私がこんな災難に遭わなくてはいけないのだー」

「助けてー」

そうした切ない念が、強烈に私に訴えてくる。私の頭脳はパニック状態になり、思わず両手を合わせ合掌した。

その時、口から喉にかけてヒリヒリとした感覚が走った。今朝、コーヒーを飲んでやけどをした部分に再び熱さが襲ってきた。

「そうか、こうやって熱い煙を吸い込んで亡くなった人がいるのか」

そのことを、憑依現象で私に再現させたのである。わずか十分足らずしか現場にはいられなかったが、この劇的な瞬間を身にもって体験できたわけである。

被災後すでに二カ月を経過していても、現場で泣き叫ぶ霊達は、熱さで焼け焦げたり、熱波を吸い込んだりしたそのままの状態で浮遊している。したがって、これらの状態から判断して、焼身自殺した者が、霊になってから、その熱さから逃れられるものかという質問に対し、この体験を通して、はっきり「ノー」と答えるより他はなくなった。

霊になっても、永久に熱さに耐えていかなければならないことがニューヨークのテロ事件で解明されたわけである。

めったに経験することのできないことを味わったが、火災で焼け死んだ人の霊の状況をリアルに経験したことは、霊能者の立場としては貴重な体験でもあった。

自殺者の霊は、なかなか成仏できない

本書の「まえがき」の中で、自殺者を助けるためにお隣りの中国へ逃避行させたことを書いたが、その結末は書かなかった。

その結末をここで書くことにするが、その前に、「成仏」という言葉を説明しておきたい。この言葉は仏教用語だが、成仏の意味は非常に幅広く、ここでは三省堂の「広辞林」の解釈が妥当だと思うので、それを紹介する。

『死んで人間的な悩みから解放されること』

この解釈を頭に入れ、この項を読んでいただければ分かりやすいと思う。

さて、彼は中国へ行ってから私が中国で借りていた部屋に住むことになったが、その時は、しばらくしてから、中国語を学ぶために学校にでも通ってもらおうというのが私の考えであった。部屋代はしばらくは払ってあったので、当座の生活費は日本から送金してあげるつもりであった。

ところが、どういう考えなのか、突如、二週間ほどして日本へ帰国してしまったのである。それも、私の友人から帰りの旅費を借り、私に無断で帰国した。日本に

帰ればサラ金からの取り立てで身の置き場所がない。このことは当人が一番承知しているはずである。それなのになぜこの行動をとったのだろうか。私は、彼の一命をとりとめ、どうにかなるだろうと胸をなでおろしていた矢先だったので、この突然の帰国には、開いた口がふさがらない程ショックであった。もうなすべき処置はない。彼には、私の主宰する会をやめてもらうことにした。

それから二カ月程たってから、彼の子どもから電話が入った。「父親が睡眠薬を多量に飲んで死亡した」と。おそらく、致死量を超える量を服用し、自殺を図ったに違いない。ただ、このことはあらかじめ想定し、すでに会を退会してもらった後だったので、私には心の動揺は起こらなかった。

ところが、それからさらに二カ月たった四月のことである。

当時、私の住まいは、いったん玄関から外に出てトイレに行かなければならなかった。ある夜中の一時頃、そのトイレに行くと、何か霊の気配を感じた。一体誰の霊であろうかと思いを巡らせた。瞬間的に、「そうだ、中国へ行った彼の霊だ」と分かった。まだ彼の霊は行く先が定まっていないのだ。私の所へ来たわけは、おそらく神道のしかるべき霊界に送ってもらいたいからである。

しかし、彼は私の指示に従わないばかりか、勝手に死の道を選んだ人間でもある。しばらく放っておくことにした。

その後、私が自殺の手紙をもらった時、彼の住まいに同行した会長から連絡があった。

「最近、誰かの霊が度々私の所へ訪ねてくるようです。気味が悪くて仕方ありません」

「そうか、今度はあんたの所へ行ったのかー。もちろん、彼の霊だよ。行く所がなくて困っているんだろう。しばらく放っておけよ」

さて、仏教では、これらの霊をあの世へ送ることを「成仏させる」と言っている。神道では、「霊界に昇天させる」という表現を使っている。いずれにしても、彼の霊はどちらの世界へも行っていないことは確かである。

人間は、生まれた時、創造の神により必ず肉体と霊魂を授けてもらえるようになっている。そして、あの世へいく時には、肉体と霊魂は分離するようになっている。分かりやすく言えば、霊魂の乗り物が肉体である。完全に分離した時が死を迎えた時である。自殺は、この分離を自らの手で行い、勝手に生命を短縮する行為そのものである。

創造の神は、「生命を全うするまで生きる義務がある」とのご神託を私にくださったことがある。言いかえれば、天寿を全うするまで生きなくてはいけないという忠告である。

この神々の法則に反する行為が自殺であるから、簡単に成仏や昇天ができないのは当然のことである。世の中には、死を覚悟して精一杯頑張っている人は大勢いる。自殺はそれらの人に唾をかけていることになる。明らかに侮辱行為でもある。

結局、私は彼の放浪する姿（霊）を見るに見かねて、その年の暮れに神道のしかるべき霊界に誘導し昇天させた。それまでは、人間的な苦しみから解放されることはなく、現世でさまよっていたことになる。彼の霊を昇天させてから、二度と彼の霊は現れなくなったことは言うまでもない。

第六章

自殺をする人、しない人の要因分析

一度死に直面した人は自殺をしない

私自身、一度、交通事故で「あわや駄目か」という危機に遭遇したことがある。二十五歳の頃である。軽乗用車で電柱に激突し、歯を十何本もとばしてしまった。ハンドルを口にまともに受けて、歯をやられたのである。これを頭で受けた場合は、多分、即死であったに違いない。現場へ集まって来た人たちが、「多分、死んでいるよ」という声が聞こえてきたので、「死んでたまるか」と歯を食いしばったところ、歯がなかったという話。

この事故では二十日ほど入院したが、歯の方は入れ歯をつくるのに半年ほど要したことを覚えている。

ところが、この事故以来、自分でも不思議なくらい、考え方に変化が生じた。それも激変である。何か良いこと、うれしいことがあった場合、これも事故で助かり命があるからこそ体験できるのだ、また、辛いことがあった場合、事故で死んだと思えば、このくらいのことは大したことではない、と思えるようになった。要するに、生きることに対して感謝の気持ちが持てるようになったことである。このことは、自分にとって非常に大きな変化でもあった。

これと同じように、奇跡的に生還した人、もしくは大病を患って死線をさまよい歩いて助かった人などは、生きる価値観をそれなりに持ち、仮に死に追いつめられるようなことがあっても、絶対、自殺の道は選ばないだろうと思う。私が体験したように、生きているからこそ、この楽しみ、この苦しみがあるのだと思えるようになるからだ。一つの悟りに近い考え方が持てるようになったことだ。また、このことは、死に直面して生きる尊さや生きる価値観を自分ながら会得できた証拠ではないだろうかと思う。

このような体験者に、ダイエーの創立者である中内功氏がいる。彼の晩年は決してほめられたものではなかったが、小売業界で初めて売り上げ一兆円を達成し、また、阪神大震災では、いち早く物資を運び込み低価格で販売した美談も忘れてはならない。

彼の哲学的思想は、第二次世界大戦での体験により形成されたと言われている。

彼は、陸軍の二等兵として満州へ送られてから、フィリピンのルソン島へ配属がえさせられた。ルソン島では瀕死の重傷を負いながら奇跡的に生還した経緯がある。

その戦争体験が、その後の彼の人生に大きな影響を与えた。おそらく、「あの時死んだと思えば、今生きていることがありがたい」という心境になったのではないかと想像する。そして、一介の薬局からスタートして、巨大スーパーへと会社を大発展させたのである。

さて、このように奇跡的に生還した人、一度死線をさまよった人は、考え方が変わるように、実は運命もそれにともなって変わるのである。ここに、霊の持つ大きな謎が隠されている。

実は、霊というものは、人間が瀕死に直面したとき、本人の霊以外は、当人を死んだものと見なし、体外に避難をする。言い換えれば、当人に付着している邪気邪霊（これを私のところでは迷霊と呼んでいる）が、先に身体から抜け去ってしまう。この邪気邪霊が少なくなると、考え方が変わり、運命が良い方向に変わってくる。邪気邪霊は運命をマイナスに誘導するパワーを持っている。したがって、そのパワーの影響が減少するため運命が次第に好転することになる。

もちろん、哲学的なものの考え方も影響することは言うまでもないが、まだ、幼少で哲学とは無縁な子どもでも、大病で奇跡的に助かった人は運命が好転してくる。

私の知っているわずか六歳の子どもが重症の熱病にかかり、生死の間をさまよっていたが、運良く助かってからすこぶる健康になり、その後は優秀な成績をおさめる子どもに変身した。

これ以外にも、危機一髪で命が助かった人なども、その後の人生が変わり、運命が良くなる傾向がある。それは、運命を悪い方向に誘導する邪気邪霊が、その人の身体から瞬時に抜け去るためである。よって、一度このような状況に直面した人は、絶対、自殺はしないものと思う。自殺する人は、この邪気邪霊に取り憑かれて自殺に追い込まれているケースがほとんどであるからだ。

自殺者は独断と偏見のかたまり

私の好きな言葉に「独断と偏見」がある。自分を絶えず戒める言葉として忘れたことがない。それは、今までの人生を振り返ってみて、失敗したときは一方的に「独断と偏見」のものの考え方によることが多いからである。独断とは、一人よがり、独自の決定、勝手に行動するなどの言葉が連想される。偏見とは、偏った見方、一方的な考え、間違った考えなどが頭に浮かぶ。

さて、自殺者も、この「独断と偏見」により、一方的に行動を起こしている。自殺者の遺書にみられる言葉には、「これより選ぶ道はなかった」「死ぬより他は道がない」「これしか、とるべき手段がない」などの言葉で終わっているものが多いが、第三者に言わせれば、独断と偏見以外のなにものでもない。例えば、「死ぬより他は道がない」ということは、他にとるべき選択肢を完全に否定し、また、他にある生きる道をすべて放棄することである。完全に独断的なものの考え方である。

金銭的にどうにもならなかったならば、夜逃げを決行してもよいと思う。仕事の壁にぶつかったならば、潔く退職すればよい。自分が精神的に変だと気づいたら、精神科の医者にとっぷりお世話になればよい。失恋しても、明日、全人類が滅びるわけでもない、健康であれば、また恋をするチャンスも出てくると思えばよい。

まず、自殺をやろうと計画したなら、一度、恥も外聞も体裁も、そして、一切の虚栄心を捨てることであるが、この虚栄心が、なかなかくせものである。自分が意識している虚栄心に対し、他人はそれほど評価していない場合が多いからだ。また、人の噂も七十五日といわれるように、よほど、悪い噂でも三カ月もたてば忘れ去られることがほとんどである。自殺する人間は、自分の虚栄心にも独断と偏見がみられる。自分をあまりにも過大評価している傾向が強い。

私自身、自分を振り返ってみて、「身を捨ててこそ浮かぶ瀬もあれ」と、一切の虚栄心を捨て、恥も外聞もかなぐり捨て、一介の子ども相手の露天商に身を落としたからこそ、再起ができたものと自負している。まさしく、社長業から一八〇度の転換であったが、それができたのも、「何が何でも生きるのだ」という生きる道を選択し、腹をくくったからである。

それに比べて、「死ぬより他に道はない」という考えは、他の同様に苦しんでいる人たちに対し、まったく侮辱する考えであり、ツバを吐きかける姿勢でもある。おそらく、苦しんでいる人たちに言わせると「まだ考え方が甘い」「お前はぜいたくだ」「苦労が足りない」など、いっせい砲火をあびせられるであろう。

このことを、イギリスの小説家、ギルバート・ケイス・チェスタートンは「正統とは何か」の中で次のように述べている。

「正統とは何か。自己を殺す者は、すべての人間を殺す。彼に関する限り、彼は世界を抹殺する。彼の行為は、いかなる略奪、ダイナマイトの暴力よりもさらに悪質である。なぜなら、それは一切の建物を破壊しすべての女性を侮辱するからである。

……人が樹木の枝で頓死するとき、木の枝は怒りに燃えて落ちるだろう。小鳥は憤怒のあまり飛び去るだろう。それぞれ個人的侮辱を受けたからである」

また、次のようにも言っている。

「自殺は単に一つの罪であるばかりではない。自殺はまさに罪の中の罪である。究極の悪、絶対の悪であって、生命の存在そのものに関心を持とうとせぬ態度にほかならない」

いずれにしても、自殺を考えている人は、「独断と偏見」の渦中にいることを忘れてはいけない。自分からしばらく距離をおいて、その渦中の自分を見つめることが必要である。

うつ病は自殺を誘導する最大要因

自殺者とうつ病は、非常に関連が深い。青木ヶ原樹海でも、睡眠薬などと一緒にうつ病の薬SSRIやSMRIの空箱が見つかることが多いからだ。樹海に入り込む人たちのほとんどが、うつ病、もしくはうつ状態に陥っているといっても過言ではない。

最近、うつ病は「心の病気」というより「脳の病気」ととらえ、脳内に不足しているドーパミン、ノルアドレナリン、セロトニンなど神経伝達物質の分泌を促進する薬物療法で治ることが実証され、治療の主流となってきた。このことは、交通事故で死亡した人と自殺した人との脳の状態を調べた結果、明らかに自殺者の方がセロトニンの量が少なかったという例でも証明されている。なお、セロトニンは気持ちを安定的に保つ役目をし、ノルアドレナリンは元気になる要素があるという。

うつ病は、気分障害の一種であり、極度の落ち込み・抑うつ気分・焦燥・集中力の低下・思考力の低下などの精神疾患である。特に中高年になり、心身の過労や家族や職場のストレスが強ければ、誰でもうつ病になる可能性が高く、中高年の自殺増加の大きな原因にもなっている。

私も、うつ病に近い状態を経験したことがあるが、歳を重ねると、ストレスを異常に感じやすくなり、普段、さほどストレスにならないことを過分にとらえてしまうようだ。特に、体力的に無理をしたときや悲しいことに遭遇したとき、自分の思いどおりにいかないとき、この症状が現れる。そのとき、物事を極度に悲観し、気分が落ち込み、虚しさなどの絶望感に襲われることだ。

このようなときには、テレビで放映する殺人事件、新聞の記事一つにも動揺が広がりやすいので、なるべく悪い話には一切耳を傾けないようにしている。うつ状態に拍車がかかることが多いからだ。逆に、食事のおいしさを過大に表現したり、人をほめたり、世にいう美談を話題にすると、うつ状態が軽減されることが分かった。

また、うつ状態には習慣性があり、一度その状態に落ち込むと、そこからなかなか脱出できないことも経験した。いずれにしても、このようなときが自殺予備軍状態であり、何かのきっかけで自殺にむすびついてしまうのだろうと、自分の体験を通して思ったものである。

いずれにしても、うつ病は、薬物を中心とした治療で八割以上の人が二〜三週間で回復に向かうので、ためらわずに専門医の診断を仰ぐことをおすすめする。ところが現実には、うつ病のうち半分の人は治療を受けていない。うつ病は心の病ととらえ、自分でどうにかしようという傾向が強く、また、外部の見方も、心の問題は医療の対象ではないと判断するところに間違いが生じるようである。

また、うつ病になりやすい人は、生真面目で責任感が強く、努力家のタイプが多い。他に迷惑をかけてはいけない、自分のことだから自分で解決しようという正義感の強いことが裏目に出てしまうようだ。

うつ病は特定な人だけに起こる病気ではない。誰でもかかる要素が、現代社会には複雑多伎にわたり備わっていると思う。それだけ社会が複雑化され、人間関係も微妙になっているからだ。うつ病は、最後は誰もが必要とするメンタルヘルスの問題でもあるといえる。そこで、うつ病を原因として自殺につながるか、あるいは回復して自殺を回避できるかの分岐点がそこに存在する。

自殺者は脳をジャックされている

私は霊研究が専門であるが、以前、洗脳について霊研究したことがある。おそらくその頃だと記憶しているが、オウム真理教で多くの逮捕者が出て、そのなかに一流大学を出た秀才が含まれていたことで、「どうしてあのような秀才があのようなことをするのだろうか」と、その原因を追究するうちに、次第に洗脳現象が明らかになり、その言葉がマスコミで取り上げられ注目されるようになった。秀才なる青年が洗脳を受け、常識的判断が欠落し、トップの指示を盲信して極悪な事件を次から次へと起こすことになり、平安な世を奈落の底へ突き落とすような大事件であった。

さて、自殺も一種の洗脳現象であり、それが原因で正常な判断が不可能になり、自殺に誘導されるのではないかと思う。一度、何かのきっかけで自殺志願の洗脳にかかると、なかなかそれを払拭できない。洗脳とは、自分の脳を、ある外圧、ある操作によって他のものに占拠され、自分の意志以外の言動をとらされることである。洗脳にかかると、何を言っても聞く耳を持たない。自分の枠を設け、それから脱出しようとしない。そして、まるでジキルとハイドのように別人格を持つ。

また、洗脳されやすい人と自殺する人とには、共通した性格が見られる。性格的には真面目で生一本の人、融通がきかないで几帳面な人、完全主義で責任感が強い人、社会や自分に対してコンプレックスを持ち、自分を必要以上に卑下している人などが共通点のようだ。洗脳は、このような性格の人を狙い、自分の意志を薄弱にさせ、すべての価値観までも改ざんするエネルギーを持ち合わせているようだ。おそらく、生きる価値観も消失させてしてしまうに違いない。

私は、このような状態を「脳をジャックされている」と表現したい。ジャックされてしまうと、完全に先方の言いなりになる。先方とは、やみくもに自殺を決行させようとする一種の〝軍団〟であると想定する。その軍団に脳を占拠されると、常識的判断も消失する。そして、その軍団が死への誘惑を仕掛けることになる。

この状態を、堀秀彦氏（当時、東洋大学教授・評論家）は、ある雑誌で次のように述べている。

「ちょうど、ペストかコレラ菌に侵されて急に亡くなったものだと考えてください。精神に悪性の細菌がいきなり飛びつき、そのため精神が急病になったのです。ですから、その病気で亡くなったと思ってください。そう考えるよりほかに考えようがないではありませんか。当然、精神は病気のために異常になっており、決して正常な心を持って自殺を決行したわけではないのです」


私は以前、あるカルト教団で洗脳された女性の洗脳を解いたことがある。自分の脳に他の霊が潜入し、その霊団に脳を占拠されると、このジャック状態になる。したがって、その霊団を排除すること、すなわち除霊によって洗脳を解くことである。いってみれば、一つの〝意識改革〟をすることで成功した。

その方法を具体的に記述してみよう。まず、それまでに洗脳を仕掛けてきたものすべて、それが宗教関係なら、そのグッズを処分することである。次に、規則正しい生活を義務づける。不規則な生活が洗脳軍団にすきを与え、狙われることになる。

それから、洗脳を仕掛けてきた軍団のことを忘れ去る必要がある。これがなかなか難しいが、他に何か集中できるものを見つけ、精神をそれに集中させることである。人間の脳は二つのことを同時に考えることは絶対できないからである。自分の趣味がある人はそこで救われるが、困るのは、全然、趣味的なものがない人である。神道では、精神を統一する方法として「魂振《たまふ》りの行法」があり、これが軍団の霊排除の作用にもなっている。趣味的なものがない人には、この行法を勧めることにしている。

この辺で結論を話そう。自殺する人は、精神を完全にジャックされてしまっている。それは、ある軍団に脳を占拠された状態である。したがって、そのジャックした軍団を排除し追い払えば、正常な精神状態に戻れるのである。正常な状態になれば、自殺の道は決して選ばないはずである。

第七章

自殺者の霊魂撮影に成功

セブ島での写真に霊が……

前述したが、私が霊魂の撮影に関心を持ったのは、フィリピン・セブ島に行き、激戦地の洞窟の中でなにげなくシャッターを切ったところ、人間の顔や霊が無数に撮れていたことに始まる。どの顔も、恨めしい寂しい顔で、何か訴えたい表情であった。せめて同胞である日本人が来た時こそ、自分たちの存在を認めてもらいたいのだろうと思った。ましてや、霊の存在が分かる立場である私たちの一行に対しては、必死になって、訴えたかったに違いない。

このことがあってから、霊研究に携わる立場として、私は絶えず霊魂撮影のシャッターチャンスを狙っていた。霊というものがある限り、写真におさめてその実在を多くの人に知らしめたかったからである。かといって、霊魂の写真はそう簡単に撮れるものではない。今までには、薄気味悪いミステリゾーンと言われる場所へも行ってシャッターを切ったこともある。しかし、セブ島以来、なかなか霊らしき写真が撮れることはなかった。

ともすると、霊魂撮影のことを忘れかけていたある年の秋、埼玉県の秩父にある某水子寺へ行った。時間は黄昏《たそがれ》せまる五時過ぎであった。その日は小雨がぱらついていたので、普段より余計暗く感じられた。水子地蔵がまつられているその寺では、山の斜面を利用してひな壇のようにお地蔵様が立ち並んでいる。その数何万体、これだけの数だから、集まる霊も半端ではないだろうと想像した。

時間的にも絶好のシャッターチャンスだと思い、夢中でシャッターを切った。撮り終わった頃には、あたりは真っ暗闇で、不気味な静けさをあとにして寺を出た。

家に帰り、早速、近くの写真店に行き現像をお願いした。

三日後に写真を取りに行き、はやる胸を抑えながら画面を見入った。

その瞬間、

「わあ、霊だらけだ！」

と叫んでしまった。画面に無数に円形の霊魂が写っていたのである（口絵写真㉓～㉖）。すっかり自信を持ってしまい、それからというもの、自殺の多い所へ度々出かけるようになった。それは、自殺をすればすべてが終わりではないことを、できるだけ多くの霊魂の写真を撮影してその実在を明らかにし、納得してもらえるよう説得しなければならないと思ったからである。

霊は絶えず動いているもの

私の住んでいる所からは、山梨県青木ヶ原、静岡県熱海市の錦ヶ浦は、高速道路を使えば一時間足らずで行くことができる。交通の便も良いこともあって、霊魂撮影を完全に成功させるまで数回行くことになった。

青木ヶ原樹海は広大な面積を有し、その中のいたるところで場所を定めず自殺を決行しているので撮影には苦労した。霊が集中している場所がないからである。その点、錦ヶ浦は自殺する場所が一カ所に固定しているため、三回ほど行っただけで撮影に成功している。いつも思うことだが、霊は一カ所にとどまっているものではない。したがって、記念撮影のように同じポーズで何枚も撮るわけにはいかない。

霊はある一定のスピードをもって絶えず動いている。まさしく、浮遊している、さまよっているという言葉がピッタリである。したがって、むやみやたらとシャッターを切らなければならない。その中の一枚に、偶然写っていたといった方が的確な表現であろう。そのため、撮影中、デジカメの電源がなくなり、中途で撮影をあきらめなければならないことも度々経験した。

カメラも、昔ながらのフィルムカメラで撮っていた時より、デジカメに切り換えてから、撮影に画期的なことが起こった。そのことを話そう。

それは、デジカメになってから、撮影してすぐ、その映像が確認できるようになったことである。フィルムカメラで撮影した場合のように、現像してあとで、初めて霊の姿を確認するのではなく、撮影した瞬間にすぐ確認できる。このことは、霊魂撮影にとって、極めて効率の良い大変革であった。そこで、はっきりと大きな霊が撮影できた時、同じ距離と同じ背景で素早くシャッターを切ることが多くなった。

ただし、この場合でも、相手は絶えず動いている。

「あの映像をもう一度」と言っても、二度と同じものが撮れたことはない。そこに霊魂撮影の難しさがある。

満月の夜は撮影ができない

北陸の自殺の名所、福井県東尋坊に一度は行って写真を撮ろうと心待ちにしていた。たまたま大阪出張の用事があったので、ついでに福井県へまわることにした。

三年前の六月のことである。テレビでも度々とりあげられているように、その断崖の切り立つさまは熱海の錦ヶ浦をはるかにしのぐものである。近くの平泉寺という寺の坊さんの名前をとって東尋坊と名づけられたが、彼もここで一命を落としている。歴史がらみで多くの人が、この場所で命を落としている。もちろん、現在でも自殺をする人はあとを絶たない。

さて、近くに宿をとり、夕食も撮影後にしようと思って、黄昏せまるころホテルを出た。当日は突風が吹き荒れ、現場に着いたのが午後八時頃。もう完全に日は暮れている。デジカメのシャッターを何回か切ったが、それらしいものは画面に一向に撮れる気配がない。あきらめようとして空を見上げると、満月がこうこうと輝いている。

今までの経験から言って、満月の時には絶対撮れない。すっかりそのことを忘れて福井県まで来てしまったが、後の祭りである。しかたなく、すごすごとホテルに帰るより他はなかった。

一年後の六月、再びその地を訪れる機会に恵まれた。

その日は雨降りであったが、東尋坊へ着いたのは夜の十一時頃。その時は完全に雨は止んでいたが、曇天である。以前の秩父の水子寺と同じ状況である。今回は、私の長男を連れて行き、彼にデジカメを渡し、私は安い簡易カメラで撮ることにした。さすが、この時間になると人影はまったくない。売店も完全にシャッターを降ろし、不気味なシャッター街と変貌する。

ところで、現場についていて、ものの五分もしないうちに、長男が「ウオー」と唸った。振り向いて長男のデジカメの画面をみると、びっしりと霊の塊が写っている。途端にサーッと鳥肌が立った。あまりにもその数が多い。その中に身を置いているわけだから、いても立ってもいられない。私は、それらの霊のためにとっさに祝詞を唱え始めた。すべての霊が意識を持って浮遊していると思うと、唱えないわけにはいかない。

皆、それぞれ訳があって自殺の道を選らんだことと思うが、死んでしまえばすべてが終わりということではないことに、気がついたことと思う。そのことを私に強烈に訴えたいために画面に霊となって写る。思わず合掌し、しばらく祝詞を唱えることで霊の渦中にいる恐怖心もなくなり、霊を慰めることができるからだ。

このような現場を数カ所訪ねるにつれ、撮影に成功するための方法が徐々に分かってきた。月夜の晩はノーということはもちろんだが、雨上がりの時が最適であることも分かった。シャッターを切った瞬間、そのフラッシュの光線を霊が反射することで画面に写る原理も分かった。それゆえ、満月の夜は月の光が強くてフラッシュの光線に霊が反射しないため撮れない。だから、暦をみては新月か朔《ついたち》の時に撮影に出かけるようにしている。したがって、このタイミングを逃すと、また、一カ月先に撮影を延期しなくてはならない。

戦没者の霊を撮りたい

これは自殺とは関係ない内容だが、霊魂の写真が撮れる立場から、どうしても書かずにいられない気持ちになってしまった。

前述したセブ島での写真で痛切に思ったことだが、先の大戦では多くの人命が失われている。現在、そのことを忘れかけようとしている人が多い。現在の日本の姿があるのも、それらの犠牲者の上にあることをけっして忘れてはならない。ちなみに、第二次世界大戦では二百十万人近くが亡くなっている。過日、レイテ戦の悲劇の様子をテレビで放映していたが、なんと八万余人の兵隊が犠牲になっている。フィリピンでは、セブ島・ルソン島・ミンダナオ島・ミンドロ島などで、全体では四十万人近い兵士が亡くなっている。これ以外にも、ガダルカナル島・サイパン島・硫黄島など、まだ遺骨も回収されていない地域が数え切れないほどあると言われている。

私は、せめて戦地で浮遊している霊の実態を撮影し、死後の実態を遺族に教えてあげたいと思う。私が戦地へ行けば、多分、「待ってました！」とばかりに画面に集結することだろう。

現地の撮影に早く行きたいと気持ちを焦らせながら、グアム、サイパン、フィリピン諸島へ行く計画を立てていた。ところが意外にも早くそのチャンスが到来し、とりあえずサイパン行きが可能となった。実は、この本がほぼ脱稿し、そのプレゼントとして自ら企画した旅で、昨年にサイパンへ行ってきたのである。

目指すところはバンザイクリフ、正式名はマッピ岬である。午後四時にはホテルに着いたが、すぐレンタカーを借り、目指すマッピ岬へ車を飛ばした。初めての土地では、その下調べが必ず必要である。

現地の霊的な感覚を肌で感じ、シャッターの押す場所まであらかじめ設定する。後は、暗くなるのを待つばかりである。

さてここで、バンザイクリフの歴史と由来を簡単に説明しておこう。

先の大戦においてこのサイパン島は、日本軍において重要な位置を占めていたが、敵である米軍も、本土襲撃の至近距離の拠点として狙っていた。両軍の壮絶なる戦いは多くの戦死者を出し、日本軍は二万五千人余、米軍は三千五百人近くが亡くなっている。サイパンの戦闘は、住民を巻き込んだ悲惨な戦いであり、「バンザイクリフ」が、それを物語っている。

米軍の説得にもかかわらず、民間人も自決を覚悟して「天皇陛下万歳！」と叫びながら身を投じた所である。その数、一万余人が飛び降り、血で海が真っ赤に染まり死体の海と化した。現地の人の話だと、当時は、サメが多く、血の臭いで集まったサメに食べられた人たちも大勢いたとのこと。現場には数多くの慰霊塔が建ち並び、夕暮れせまる頃には、誰一人いない寂しい墓所へと変貌する。

六月は日暮れが遅い。真っ暗闇になったのは午後九時頃、現地へ再び車を飛ばした。私たちの車一台だけである。いつものように霊を慰める祝詞を唱え、シャッターを押し続けたが、撮る写真、撮る写真、すべてに霊の塊が写っている。その最中、「米軍憎し」の憎悪の念が湯水のように込み上げてきた。海風をまともに受け、さらに心臓が圧迫されるのを感じる。この岸壁でさまよう霊の感情に違いない。これこそ死霊の怨念である。この岬から飛び込み自決が多かった原因としては、日本軍の「生きて虜囚《りょしゅう》の辱《はずかし》めを受けず」の戦陣訓が、この悲劇をさらに大きいものにしたようである。

私が望んでいた激戦地の霊魂の写真の第一号（口絵写真⑲〜㉒）がこの本に載ることになったが、先の大戦では、サイパン島の玉砕以外に、ビルマ戦線、ガダルカナル戦、インパール戦、ニューギニア戦線など、多くの激戦地がある。そこには無残な死に方をした兵士の霊が、まださまよい続けている。

しかし、海外へ写真を撮りにいくことは、何分にも金がかかる。以前、このことでスポンサーを求める手紙を出したこともあるが、その時は霊の写真が撮れること自体を信じてもらえなかったようだ。今回、この書が世に出て、霊の実在を知り、戦地でさまよう霊の写真を見ていただければ、多少、信じてもらえるのではないかと思っている。おそらく、その中から私に応援してくださる人も現れるのではないかと期待している。

第八章

自殺の現場を検証する

自殺の名所巡り

自殺の名所と言われる所は、日本各地に点在する。松本清張の「波の塔」で一躍有名になった山梨県の青木ヶ原樹海、静岡県熱海市の錦ヶ浦、福井県の東尋坊、栃木県日光市の華厳の滝などが知れわたっている。

華厳の滝は、明治三十六年五月二十七日に藤村操という十八歳の青年が、滝の近くにある樫の木に「巌頭之感」という遺言らしきものを残して飛び込んだのが始まりといわれている。

あまり名所として上げたくない場所だが、高島平団地、JR中央線の沿線など。また、海外ではサンフランシスコのゴールデンゲートブリッジ（金門橋）が有名である。なにせ、橋を作ってから（一九三七年開通）、約千三百人もの人が飛び降りている。

さて、私は霊魂の写真が撮れる特殊な能力を持ち合わせていると述べたが、この本の執筆の傍ら、良い作品（霊魂浮遊の写真）を撮るため、どのくらい現場に足を運んだことだろうか。また、現場を霊査するためには、自殺の名所といわれる所には数回行かなくては自殺の場所としての霊感覚がキャッチできない。幼少からの霊感能力で、現場へ行くといろいろな現象が起きてくる。

一言でいってしまえば、浮遊している霊魂が私に対して訴えてくる現象、もしくは、助けを求めてくる場合もあって、それらの霊の訴えを察知することが現場でできる。ここではそれらを紹介してみよう。

例えば、自殺ではないが、靖国神社の境内にある遊修館という戦没者の遺品を陳列してある博物館の中に入ると、すさまじい〝雄叫び〟が聞こえてくる。また、身体中が鉄砲玉で撃たれたような感覚に陥る。正直言って、五分とあの中にはいられない。この感覚をもって、日本各地の自殺の名所と言われところへ出かけてみた。果たして、そこで何を感じ、何を訴えられたのか、それを検証してみよう。

◎山梨県青木ヶ原樹海（口絵写真③〜⑥）

青木ヶ原は、この樹海の自殺の状況が、たびたびテレビで放映されるようになってから、自殺の名所として知れわたるようになった。

東京から車で行く場合は、中央自動車道を大月まで走り、大月インターから富士吉田線へと左折し、しばらく走ると河口湖インターに着く。インターを降りると国道一三九号線に接続するので、それを右折する。しばらく四車線の道路が続くが、やがて二車線になり、その先の左側に結構大きい青木ヶ原の駐車場がある。ここにはトイレもあるので、東京から来た場合は、自殺志願者以外はここで一服する人が多い。

電車で行く場合は、JR中央線で大月から富士急行線に乗り、富士吉田駅で降りて本栖湖行きのバスに乗る。風穴の駅のバス停で降りると、前述した青木ヶ原の駐車場に出る。観光スポットとして、鳴沢氷穴、次に富岳風穴があるが、風穴の駅とはこの富岳風穴の入り口である。このあたりは完全に樹海に入る。

富士北麓には、西側から本栖湖、精進湖、西湖があり、富士山一合目あたりから本栖湖と西湖を結ぶ三角地帯を青木ヶ原樹海と呼ぶ。広さは南北六キロ、東西七キロほどの原生林である。

なお、これらの樹海の中では磁石が効かないと言われているが、次のようにそのことが説明されている。

「この樹海の中では、磁石が効かないと言われている。それは本当のことである。磁石の針がアチコチぶれる。それでも、私は磁石を最大限利用している。樹海では南側が富士山側であり、北が麓側である。その方向感覚だけは十分意識していなければならない。

磁石が効かないのには理由がある。溶岩は磁性を持つのが普通である。樹海では、台地が玄武岩の溶岩なので磁性が強く、磁石の狂いがよく観察される。溶岩台地ならどこでもそうなるのだ」（『青木ヶ原樹海を科学する～自殺するには根拠《ワケ》がある』早野梓・著、批評社）。

磁石が効かないこともあってか、樹海の奥に入る場合は、命綱ともいえるビニールのテープを入り口の大木に縛りつけ、巻き尺を戻すようにしてテープを地面に這わせながら奥へと入っていく。樹海の入り口から、数本のテープが入り乱れ交錯しているのはそのためである。樹海は同じような状態の起伏が続いているので、方向感覚を失うようだ。

自殺者は、死ぬことを求めてこの中をさまようことになるが、食べ物不足による空腹状態での薬物の服用が多い。私の霊査にも、はっきりこの現象が現れてくる。

ここからは、私の専門分野であるから詳しく書こう。

自殺する人はたいがい、明日をも知れない命であるから食べ物を持たない。安楽死の場所を求めて樹海をさまよい続けるが、車のガス欠ではないが、いずれ食べ物もなくなる。空腹になり、行き倒れ寸前に薬物を服用する。確かに胃の中に何もないので、薬の効果は抜群ではないだろうかと想像する。

どういうわけか、樹海をしばらく奥へ入った時には滅茶苦茶に腹がへる。最初は、森の中で良い空気を吸い、森林浴のために胃の調子が良くなったのではないだろうかと自分なりに考えていたが、樹海に行く度に強烈な空腹感を覚え、これはただごとではないぞと思った。

瞬時に、以前、「即身成仏」の取材で山形の月山へ行った時と同じ感覚であることを思い出した。即身成仏＝餓死であるから、霊も空腹の状態で死んでいる。樹海の場合は、餓死までいかないまでも、空腹の状態で死んでいることは確かだ。

霊を救うためには、霊の欲望を満たしてあげなければ救えないようになっている。これは霊救済の基本的原理でもある。このことを私の師である丸山氏は次のように述べている。

「現世霊（浮遊霊）でいる場合は、現世で生活しているのと同様に、障害物があればそこを突破することはできない。押入に閉じこめられたら出て来られないのと同じである。私たちが生きている時の生活と、少しも変わらない。単に肉体がないだけであり、あらゆる欲望はそのままだし、食欲も現世のままであるため空腹を覚える。そこで、何とか食べようと努力するが食べられない。だから、生きている人たちに訴えることになるが、それは私たちには判らない。供養を受ける場合は、生きた人間の体を借りて腹一杯食べることを諸迷霊から許されるのみである。また、迷霊の中でも種々お世話になる霊に、これも霊媒を許すようにしてきたのが実際のところである」（「魂清浄の神法」丸山天霊・著、近代文芸社）

そのため、急いで食堂へ飛び込み、それらの霊の食欲を満たしてあげるようにする。もちろん、霊の代わりに食べてあげるのだ。霊は、食べることにより満足して、私が誘導する霊界に昇天して救われる。以前、近くに食堂がないので中央道のインター近くまで戻り、甲州名物「ほうとう屋」に飛びこみ、丼を二杯たいらげたこともあった。しかし、このようなことが度々続くことで、一体、余計に食べさせられた分は、どこへ請求すればよいのだろうかと浅ましい考えが頭に浮かんでくることもあった。確かに霊救いは、その霊の訴えにより余計な出費も覚悟しなくてはならない。

いずれにしても、樹海には首つりによい枝が水平にのびている所が多い。また、腰をどっかりおろし、身を包んでくれるようなブナの大木もある。だが、樹海が人を誘導する理由は、他にもたくさんありそうだ。

ちなみに付記しておくと、毎年恒例であったいっせい大捜査は二〇〇一年から中止されている。したがって、自殺者の死体も永久に放置される可能性も十分あり得る。

ここでの自殺者の霊の撮影は、広大な広さのために至難を極め、五回ほど行ったが、二キロほど樹海の奥へ入った時、初めて霊魂を確認できる写真を撮ることに成功した。やはり小雨がぱらついていた夕暮れであった。霊というものは、一カ所に固定しているわけでなく、絶えず浮遊して動いているので、その撮影には根気がいるものである。

◎静岡県熱海市錦ヶ浦（口絵写真⑦〜⑩）

車で行く場合は湯河原を通り抜け、そのまま国道一三五号線を走る。やがて、熱海の温泉街に出る。その温泉街が終わりになり、熱海城が見えると錦ヶ浦トンネルに出る。そのトンネルを過ぎてすぐ左手に錦ヶ浦という道路標示があり、左折すると錦ヶ浦である。バスで行く場合は、網代方面行きに乗り約十五分、錦ヶ浦バス停で下車。

ここは投身自殺で有名な所だが　絶景の海からそそり立つ絶壁の海岸線は見ものである。今まで約五百人が身を投げたといわれているが、中には途中の松にひっかかり即死できなかった人もいる。生死の間をさまよっただろうが、その苦痛はこの世のものではなかっただろうと想像する。

それを物語るに十分な、背筋が寒くなるストーリーがあるので次に紹介しよう。ただし、インターネットから引用したもので作者不明である。

※

有名な観光地A市の消防署を定年退職した叔父に聞いた話。叔父は、市内の有名な自殺スポット錦ヶ浦で自殺があるたびに駆り出され、死体回収を何年もやっていた。最初は嫌だったそうだが、何年もやっているうちに死体にも慣れ、全然平気になったそうだ。そんな叔父が、一つだけ思い出したくないことがある、と言って、話してくれた。

ある晩のこと、たまたま家中に誰もおらず一人で寝ていると、玄関をたたく音がした。玄関に行ってみても誰もいない。

すると少したって、今度は窓をたたく音がした。窓を開けてみても誰もいない。誰かがいたずらしてるんだと怒りながら寝床につくと、今度は、布団を敷いて寝ている部屋のふすまをたたく音がする。『ドンドン』――一体誰が？　と思いながら、勢いよくふすまをガラッと開けてみた。誰もいない。さすがに気味が悪くなり、布団をかぶって寝ていたが、今度は布団のまわりの畳をたたく音がする。だんだんとたたく音が強くなり、しまいには枕元をドンドンとたたかれる。叔父は怖くなり、布団をかぶったまま身動きができなかったそうだ。

そのうち、だんだんとたたく音が弱まり、どのくらい時間がたったのか。やっとたたく音は止んだ。

するといきなり電話が鳴ったので、布団からおそるおそる出てみると、もう朝になっていた。電話に出ると、同僚から、また錦ヶ浦で自殺があったから来てくれという。その自殺者は、まだ若い女性で、崖の上から飛び降りたものの、海まで落ちることができず、崖の途中の松の木に引っかかっていたという。片方の目に松の枝がささり、崖の岩で体を強く打ち、全身打撲で亡くなっていたそうだ。

しかし、詳しく調べた結果、彼女は飛び降りたものの即死することができず、何時間も松の木にぶら下がっていたという。目と体の痛みに耐えられずに、無事だった片方の手で思い切り近くの岩をたたいていた跡が血まみれで残っていたそうだ。

※

さて、一体、何者がこの叔父さんにこのようなことをしでかしたのだろうか。私に言わせると、ズバリ霊である。

霊は、飛び込みのスタートラインに立った時は、まだ体内にいる。その動作を開始した瞬間に抜け去るようになっている。これは、鉄道への飛び込み、交通事故の即死の場合も同じである。

では、一般的な場合はいつ頃抜けるのかという疑問がわく。私の父親の場合、三日前だったと思う。霊は抜け去った後、お世話になった人や知人にあいさつにまわることがある。私の甥は、非常に霊感が鋭い。夜中に「今、田舎のお祖父《じい》ちゃんが立っていたよ」と言ったのが三日前であった。また、このようなことを虫の知らせといい、別の形で知らせる場合もある。

よく病院で、誰が開けることもなく入り口のドアが自然に開くことがあるが、これは、あいさつまわりに出かける霊の仕業のことが多い。前項の死者のあいさつまわりの項でも述べたので、ここではあまり詳しくは書かないが、いずれにしても、死者の霊が、このような形で行動を起こすことは往々にしてあり得ることだ。

なお、ここでの写真撮影はちょうど新月の時でもあり、曇天だったため、霊魂撮影には絶好日となり、大きな塊が画面に撮れた。再度シャッターを押した時には、すでにその塊は消えていた。霊は絶えず浮遊しているものであり、同じ画像が二度撮れることはまずあり得ない。一枚の画面に無数塊があるものもあったが、その一つ一つが尊い命の塊である。生前、何かの事情で錦ヶ浦から投身自殺することになったが、霊となった今ではなす術《すべ》もない。歌の文句ではないが、思わず「今は幸せかい？」と問いかけてみた。しかし、跡形もなくいずこへと消え去った。

◎福井県東尋坊（口絵写真⑪～⑭）

福井駅からバスで行く場合は、乗り場四番の川西・三国線バスを利用して約五十分、三国駅で下車し、京福バス金津・東尋坊線に乗り換え、約十分。東尋坊で下車、徒歩で五分。

ＪＲ芦原温泉駅からバスで行く場合は、京福バスで金津・東尋坊線行きに乗り、約四十分。東尋坊で下車、徒歩三分。車の場合は、北陸自動車道金津インターチェンジで降り、道路標示を見ながら三国・東尋坊方面を西に進み、約四十分。

さて、本題に入る前に、東尋坊の由来を説明しよう。

その昔、平泉寺には数千人の坊様がおり、その中に怪力の悪僧・東尋坊がいた。在所の姫君に心を奪われた東尋坊は、恋敵の真柄覚念と激しく対立。そして、寿永元年（一一八二年）四月五日、岩場の上で酒宴を催した真柄覚念は、酔いがまわった頃をみはらかって東尋坊を断崖絶壁から突き落としてしまった。東尋坊が波間に沈むやいなや、その無念をはらすかのように大空に暗雲が立ち込め、相手を突き落とした真柄覚念までも絶壁の底へと吸い込んだ。

毎年、四月五日の前後には激しい風が吹き、海が荒れ狂うのは、東尋坊の怨霊が大波となり、岸壁を打ち続けているからではないかと言い伝えられている。

以上が東尋坊の名前の由来である。

なお、この絶壁は日本海の荒波に浸食された火山岩が柱状節理をつくり、高さ二十五メートルから三十メートルの断崖絶壁を形成している。その絶壁から見下ろすと、誰でも足がすくむ。熱海の錦ヶ浦のように松の枝はないので、一直線に海面に突入できる。それだけ成功率は高まることになる。

東尋坊は福井県でも指折りの観光地である。昼間は大型バスが数台並び、大勢の観光客で賑わう。ところが、夕方に近づくと潮が引くように人影がなくなり、日がとっぷり沈む頃には、店のシャッターも固く閉まり、時折、猫の鳴き声が聞こえる程度の静寂なシャッター街と化す。ここへは二回ほど写真撮影に出向いたが、前述したように、一回目は満月のため失敗した。

二回目は、私の長男を連れていったが、絶好のコンディションに恵まれた。雨上がりで真っ暗闇である。時間は午後十一時ごろ。カメラのファインダーを覗いた子どもが「ウオー」と雄叫びをあげた。なんと霊の塊が無数に撮れていた。この画面を見てから、急に鳥肌が立ち始めた。二人寄りそって恐る恐る絶壁の近くまで歩いていく。

「東尋坊」と記されている岩の前へ行くまでにシャッターを押しまくったが、どの画面にも霊の塊が無数に確認された。両側に並ぶ土産店は約一キロ続くが、住人の住んでいる気配はまったく感じられない。この時間帯に自殺を決行すれば、誰も引き留める人はいないだろうと思った。

自殺防止のために、ここでは、二〇〇四年四月二十七日に自殺防止の支援団体が発足。東尋坊周辺のパトロールはもちろん、保護した後の金銭面・福祉面での支援を行っている。理事長は元警察官の茂幸雄氏。彼は餅屋を経営しており、自殺を志願した人たちにたっぷり餅を食べさせ、自殺を思いとどめさせているという。

◎東京都板橋区高島平団地

昭和四十年代にマンモス団地のモデルとなった高島平団地。かつて自殺の名所として知れわたったことがある。しかし、ここで細部にわたって書くことは自殺志願者を当地に誘導することにもなりかねず、住民に迷惑がかかることを想定し、この項目は割愛することにした。

◎栃木県日光市華厳の滝（口絵写真⑮〜⑱）

ここへ行くには、東武日光駅から東武バスにて中禅寺温泉駅行き・湯本温泉行きに乗り、約五十分。「中禅寺温泉駅」で下車。徒歩五分。車で行く場合は、日光市から国道一二〇号線を走り、いろは坂を上りきった所に大きな駐車場がある。十月下旬に紅葉が始まると、日曜日には車の列が延々と続き、普段二十分くらいで上りつめる所が一時間二十〜三十分かかる。中途半端な渋滞でないことを頭にいれておくべきだ。

日光には滝が多く、華厳の滝は四十八滝の一つである。勝道上人によって発見されたという。名前は、仏教の教えの華厳経からとったとも言われている。九十七メートルもある高さから一直線に降下する滝は、壮大であり、日本三大瀑布になっている。観爆台に出るには、駐車所から歩いてすぐエレベーター乗り場がある。ここからエレベーターで約百メートル下降すると観爆台に出る。まのあたりに滝壺が出現し、そのすごさに圧倒される。

先に少し述べたが、ここが自殺の名所として知れわたったのは、次の事由による。一九〇三年（明治三十六年）五月二十二日、藤村操という当時十八歳の一高生が近くにある樫の木に次のような詩を刻み、身を投げたのが始まりだと言われている。

「巌頭之感、悠々たる哉天懐、遼々たる哉古今、五尺の小躯を以て此大をはからむとす。ホレーショの哲学、竟に何等のオーソリチィーに價するものぞ。萬有の眞相は唯だ一言にして悉す、曰く「不可解」。我この恨を懐いて煩悶、終に死を決するに至る。既に巌頭に立つに及んで、胸中何等の不安あるなし。始めて知る、大なる悲観は大なる楽観に一致するを。」

ちなみに、藤村操は、元屯田銀行の頭取、藤村胖《ゆたか》の長男である。また、夏目漱石の教え子でもあった。

さて、ここでの写真撮影は予想以上に時間をとられてしまった。気候が暑いうちは、絶えず霧が発生し、あっという間に滝壺を覆ってしまうからだ。霧が発生すると霊の輪郭が浮かび上がってこない。絶対、写真は撮れないものと思ってもよい。そのため、あきらめて帰ったこともある。霧が発生しない頃まで待つより他はないようだ。そうすると、紅葉の真っ盛り、十一月初旬になる。肌寒くてジャンパーを着ないと身震いする頃になると、はっきり滝の姿と滝壺が見わたすことができる。この頃になると日の暮れるのも早く、十一月に入ると観爆台行きのエレベーターが五時ジャストで終わりになる。ところが時間ぎりぎりまで観爆台でねばっても、まだ、太陽の明かりが残っている。ある程度暗くならないことには、霊の輪郭が浮かび上がってこない。

結局、観爆台の撮影はあきらめ、駐車場の近くにある展望台からの撮影に切りかえた。日中は人込みで混雑する展望台も、日が暮れて滝の輪郭がおぼろげになると、客足はバッタリ途絶える。

この頃が霊の写真を撮る絶好のチャンスとなる。祝詞を唱えては寂しさを紛らわせ、シャッターを押し続ける。霊は絶えず動いているものだから、やみくもにシャッターを切るよりほかはない。三十枚ほど撮り続け、そのうちの三枚に確実に霊の輪郭が確認できた。

ところで、一人のエリート学生の死は、立身出世を美徳としてきた当時の社会に大きな影響を与え、後を追う者が続出した。多くは警戒中の警察官に保護され未遂に終わったが、藤村の死後四年間に自殺を図った者が百八十五名（うち、既遂が四十名）にのぼった。華厳の滝がいまだに自殺の名所として知られるのは彼の死ゆえである（フリー百科事典「ウィキペディア」より）。

以上、自殺の名所をとりあげ検証したが、最後に登場した華厳の滝は、有名人の自殺が契機となり、これが報道により加速され連鎖反応的に自殺が続いた例である。また、青木ヶ原は、自殺を誘発しやすい地形的景勝が要因となっており、その代表的な場所として有名である。

よく有名人の後追い自殺ということを耳にするが、マスコミなどに取り上げられることにより「自殺の多い場所だ」と認識され、さらに自殺が増える傾向になることは否めない事実である。

第九章

自殺に関するエトセトラ

人生捨てたものではない

本章では、霊能者ということを忘れ、ごく一般的なものの考え方から自殺に関していろいろな角度から記述してみよう。ここでは、自殺予防の参考になればと思い、私の一身上のことも、恥も外聞も捨てて公開する。まずは自分のことから話そう。

私も一度死を意識して苦悶していた期間があった。五十歳を契機に神さまに仕えるようになったが、それまではむしろ、事業家を目指して仕事に熱中していたといった方がよいかもしれない。幼い時、実家の事業が倒産し、みじめな生活を経験していることもあり、いずれ自分も会社を興して成功してみせるぞという野望があったからだ。

こうした考えから、私が会社をつくったのは三十一歳の頃であった。会社をつくったからすぐに成功してもうかるという方程式はない。事実、二千万円近い借金を残して見事につぶしたこともある。その後は銀行取引停止、借金の返済のみである。

この時初めて、ある雑誌に掲載してあった自殺論を読んだ。筆者は堀秀彦氏（前出）である。

当時、頭の片隅では、やるだけやって駄目なら、その時は自殺をすればいいという考えがあった。もちろん、できることなら借金を早く返してもう一度挑戦したいという気持ちも残っていた。暇は十分あったので、死ぬということ、生きるということ、人生とは、などと、普段はめったに読むことのない本も読破した。その中には、人生復活論などの本も含まれていた。今でも記憶に残っている言葉では、「身を捨ててこそ浮かぶ瀬もあれ」、神道からきている言葉「甦りの精神」などがある。

また、身を捨てる考えさえあれば何でもできる、まったく知らない土地へ行ってラーメン屋台でも引っ張ろうかなどと、真剣に考えたこともあった。物事はやってみないことには分からないからだ。

いくら考えても、行動を起こさないことには問題は解決しない。悩んでいる間に借金の利息は増え、元金も減ることはない。仕事を始めるとしても、ある程度もうかる仕事をしなければ借金も早く返済できない。そこで選んだ仕事が、子ども相手の駄菓子販売である。

中高年の読者の諸氏なら覚えておられると思うが、お米をドカーンと音をたてて製造するポン菓子の商売である。大きな団地の一カ所に機械を据え付け、恥も外聞もなくドカーンと音を立ててつくる。その音につられて、客がさらに集まってくるというもの。まさに社長業から一介の露天商への転落である。自分を試す意味でこの商売に挑戦した。初めてのことだから脂汗をかくこともたびたびであった。

一番つらいことは、知り合いの人にこの現場を見られることである。穴があったら入りたいという心境が、この時ほど身にしみたことはない。素早くサングラスをかけ、正視しないようにして、その場をしのいだこともある。

いずれにしても、この商売は予想以上にもうかった。何せ九〇パーセントの粗利益だからたまらない。借金もみるみるうちに減り、二年後にはすべてを完済してしまった。

その後、倒産した会社の社名を変え再出発したが、これがまた、あれよあれよという間に軌道にのってしまった。

しかし、私はあることで約束をしてしまったことがある。

「私が五十歳になるまでに家を建てることができ、すべての借金を清算できたならば神の道に入ります」と。

現実には、四十八歳で家を建てることが成就、そして大方の借金も返済することが可能になってしまった。だから、その約束を破るわけにはいかない。

では、一体、誰とその約束を取り交わしたのかというと……とりあえず、私を陰日向なく応援してくださる守護神とでも言っておこうか。その約束があったため、潔く五十歳から神の道に入ることになった。

しかし、今振り返ってみると、最後には死を意識してがむしゃらにやったことが効を奏したようだ。まさに「身を捨ててこそ浮かぶ瀬もあれ」という言葉どおりである。とことん沈んだ浮き草は、後は上がるしかないという一種の悟りである。これ以上落ちることはないだろうと思うと、意外と気が楽になるから不思議である。

こうした考えのもとで、一応自分ながら敗者復活を果たしたと自負しているが、人生はひょんなことで立ち上がれることもあるものだとつくづく思った。ちなみに、私は今の地に住みつくスタート時には、わずか五百円の金しか持っていなかった人間でもある。まったく、人生捨てたものではない。

君あればこそ

私は、十六歳の頃、身長百四十九センチ体重三十六キロという、吹けば飛ぶような身体であった。この虚弱体質の上に、病気の卸問屋というくらい、多くの病気を背負い込んでいた。蓄膿症・扁桃腺肥大・半身不調・胃腸病・痔・低血圧・ノイローゼ……。医者にもたびたびお世話になったが、病魔との戦いには勝つことができなかった。

たまたま、近くの霊能者で霊の解決によって病気を治す人が評判になり、そこへお世話になることになった。

「だまされたと思って一年くらい通ってみなさい。必ず健康になるよ」

その言葉が決め手となり、翌日から通うことになった。私とすれば、どんな方法でも構わない、とにかく健康になりさえすればよいという考えだから、わらをもつかむ気持ちでそこへ入門したのである。

ところが、そこで言われたことを実直に行った結果、半年たち、一年たつうちに、身体の具合が好転をし始め、一番悩んでいた蓄膿症や痔も治ってきた。高校を卒業する頃は、なんと身長百六十七センチ、体重五十二キロまで成長し、ほぼ病気とは縁が切れることになったのである。

それでも、一つだけ縁が切れないものがあった。それは、厭世的・退廃的なものの考え方である。私の背後には、絶えず死を意識する考えが、かげろうのようにつきまとっていたのである。とりわけ、この症状が毎年旺盛になるのは、五月頃である。通称、五月病と言われる時期である。

何をやっても面白くない、仕方なく生きているという感じだった。はた目には、年も若いのに人生を達観したような振る舞いに、「格好いい」と言われたことも、たびたびあった。

その頃、「生きる刹那と享楽」という題で文書を書き、ある紙面に掲載されたことがある。

その文頭だけを紹介しよう。

「この世に生を受けて生まれてきた人間、すべて誰一人として自分の意志でこの世に生まれてきた人はいない。父母の精子と卵子の結合により、好むと好まざるとにかかわらずまったく当人の意志を度外視して生まれてきたわけである。もちろん、その奥には、神々の設定された自然の摂理とお働きがあったものと思うが、本人にとってはまったく自分の意志ではなく、この世に生まれてきた。そして、この世に生まれてきた以上、生きるための永い葛藤の歴史が人それぞれに始まる。喜び、笑い、嘆き、悲しみ、怒りなど、感情の動物たる人間は、これらの感情に左右されながら一日一日生きていく。

長い人生と言っても、天地自然の運行に比べればそれは刹那のものであるかもしれない。また、霊化後の悠久の時間に比べても刹那であることと思う。刹那とは〇・〇一二秒の時間をいうそうだが、悠久の自然の世界に比べれば刹那であっても、生まれてきた人間にとっては、喜びもあり苦しみもある波瀾万丈の人生であるが、それがまた人生修行の期間でもある。

しかし、一つの肉体と霊魂を神々からもらって生まれてきた以上は、人間として当然拒否することのできない義務と摂理がおおいかぶさってくる。それは、どんな苦境にあっても、どんなにみじめであっても、また、どんなに恥辱を受けても、絶対天寿を全うするまでこの世に生きていなければならないことである」

この文章を書いたのは三十二歳頃であると記憶しているが、おそらく自分なりに生きることを模索してこのような文章を書いたことであろうと想像する。しかし、当時なかなか生きるための根本原理というか、目標が定まらなかったことは事実である。

このような心境の時であったからこそ、霊能者の勧める神道の道、その行法にのめり込み、次第に深入りして十余年の歳月が流れてしまった。その頃は、すでに宗教上の名前も斎霊という名前をいただき、それが現在の私のペンネームにもなっている。

当時から、私は背後霊というか、私を守護する神との対話が可能であったため、ある日、それらの神々に、「自分が生きるとは……」ということで質問を投げかけてみた。どんな返事が返ってくるものかと疑心暗鬼だったが、すかさず次の言葉が返ってきた。

「君あればこそ。良くも悪くも君次第」

この言葉に、私はうなってしまった。あまりにも名回答であるからだ。終わりに、

「それほど死にたいなら、死んでみなさい」

とまで言われてしまった。確かにこの言葉のとおりである。私自身が生きていればこそ、良くも悪くもなれるのである。それならば、良くなるための努力をやってみようではないかという考えになった。

この言葉をいただいてからというもの、私の生き方に異変が起こり、次第に厭世的な考え、退廃的な考えが、潮を引くように私の脳裏から消え去っていったのである。

武士道と自殺

これは私の兄の友人の話である。彼をTさんと仮に呼ぼう。

Tさんはある農協の組合長をやっていた。ところが、農協の会議で責任を追及され、大恥をみんなの前でかかされたようだ。このことが、よほど悔しかったに違いない。首つり自殺であっけなく命を落としてしまった。

私はこの話を聞いて、これは相手に対する心理的復讐の自殺だと思った。相手にしてみれば、まさか自殺までするとは思っていなかったが、「あの一言で、死に追いつめてしまった―」と、自責の念に当分悩まされるはずである。また、自分が死ぬことで犯した過ちの償いをする意味も含まれている自殺だと思った。

いずれにしても、責任が絡んだ自殺は、死をもって抗議する場合と自分の正当性を主張する場合が多い。私に言わせれば、恥をしのんででも、その場で反論し、自分の言い分を主張すれば、多少は相手も納得し、妥協できる部分も出てくるのではないかと思うのだが。

さて、日本には他国に例をみない「武士道精神」という考え方がある。屈辱的な生き方を選ぶくらいなら死を選ぶ、まさに「瓦となって全からんよりは玉となって砕けん」という生き方である。恥、面子《めんつ》、体裁が失われた場合は、死をもって清算しようという考え方である。武士道には恥の文化があり、名誉を重んじる。Tさんの自殺はこれに属するものであろうか。

また、武士道には最終的な手段として切腹という自死行為がある。切腹と言えば、白装束を身につけた浅野内匠頭の姿が目に浮かんでくるが、これは、武士道精神の「腹を切って責任をとる」という姿勢である。ただし、切腹と、単なる自殺とは、最終的な目的、死ということ以外は、まったく関連性がないように思える。切腹は、自分の不始末を自分で処理するために「主君から死を賜る」意味で、誉れある死であった。このことで思い出される人物に、新撰組の近藤勇がいる。切腹を申し出たが、結局は斬首で大衆の面前で処刑された。

武士道の真髄については、知る人ぞ知る佐賀藩の「葉隠《はがくれ》」の文面がある。武士道の究極の目的とは「死ぬことと見つけたり」と述べているが、それは、いつ死んでもよい準備と、その心構えをもって物事にのぞむ覚悟を述べているものだと思う。

牧師であり作家である太田愛人は、新渡戸稲造・著「武士道」を読むにおいて、切腹には法律上および礼法上の制度や取り決めがあり、武士にふさわしい洗練された自死であると説いている。そのため、足軽以下の身分には、切腹は許されていなかったと述べている。

日本人の気質として、潔く死をもって清算する気風は武士道精神の血の流れが大きく影響しているものと思う。桜の花が散るがごとく死を選ぶのも、武士道における「死の美学」が存在するためであろうか。

政治家と自殺

自殺は、経済的に追い込まれた人、精神的に悩んだ人、病気を苦にした人たちだけが最後の手段として選ぶ道ではない。名誉や地位や財産に恵まれた人も自殺の道を選ぶことがある。その代表的なものが政治家の自殺である。政治家は十分というほど、名誉・地位・財産には恵まれているはずだが……。

最近では、二〇〇七年五月二十八日の松岡利勝氏の自殺があげられる。「なんとか還元水」で一躍有名になった人だが、裏では自殺に追い込まれる事情があったようだ。すでに検察が緑資源機構問題（談合問題）で動き始め、立場的には四面楚歌に追い込まれていたようだ。すべてが暴露されれば当然、農相も辞任しなくてはならないし、場合によれば次回の選挙で落ちることも予想される。彼自身、これから起こる運命に、最悪のシナリオを描いてしまったようだ。政治家には選挙という「みそぎ」があって、これで落ちればタダの人であり、それだけに名誉失墜になる事態を避けたいのは当然のことでもある。

ここで思うことは、大臣にさえなっていなければ自殺することはなかったということである。「叩けばホコリの出るような人」は、時の総理も任命しない方が無難だと思う。問題発生により、最終的には総理の任命責任が問われることになる。いずれにしても、何枚かの遺言を書いて赤坂の議員宿舎で首つり自殺で亡くなってしまった。今となっては、ご冥福を祈るばかりである。

ところで、彼の自殺を忘れかけようとしていた二〇〇九年一月三日、民主党元衆議院議員の永田寿康氏がマンションから飛び降り自殺をして生命を落としている。

彼はライブドア事件で、武部勤自民党元幹事長が絡んだ「偽メール問題」の引責によって、二〇〇六年四月に議員辞職している。彼は慶應義塾志木高等学校から東京大学に入り、大蔵省に入省した典型的な超エリートコースを歩み、父親の事業の成功により、その潤沢な資金をもとに千葉二区から立候補し、二〇〇〇年に初当選している。しかし、議員を辞職してから、夫人とも離婚し、子どもとも離ればなれに生活していたようである。その生活の乱れから自殺の道を選んでしまったようだ。彼は、親の庇護《ひご》のもと、「無菌状態」ですくすく育ち、政治家としての裏社会の免疫性が欠如していると言われたが、その未熟さが一度の失敗で自殺を選んだことの、最大要因になったようだ。

過去においては、永岡洋治氏、中島洋次郎氏、新井将啓氏、古い人では中川一郎氏などが自殺をしている。政治家ではないが、竹下元首相の秘書の青木伊平氏、田中角栄氏の元運転手の笠原政則氏。世論としては、証拠隠滅のための自殺だと烙印を押されてしまったようだが、よほど、主君思いの部下に違いない。

政治家の中で、一見強気に見え、自殺などとはまったく無縁のような人が、あっけなく自殺の道を選んでいることがある。私は思うのだが、出るところへ出て堂々と、ひと言いえる機会があれば、避けられたケースもあったのではないかと思うのだが、そのひと言がいえないばかりに死を選んでいる。和を重んじる日本の気風が、ひと言の発言により事件の真相が解明され、第三者に多大な影響や犠牲者を生み出すことが自殺を選ぶ一つの要因にもなっている。多分、われわれ凡人には、想像もつかない真実・真相が自殺に追い込む原因となっておおいかぶさっていたことだろうと思う。

また、自殺を決行した政治家の中には、二代目代議士や名門大学を出た超エリートが多い。一見厚顔無恥のように見えても、育ちの良さからくるもろさが露見する。政治家は、時には物事を貫く神経の図太さ、ふてぶてしさも求められることもある。ある政治評論家が「政治家は刑務所の塀を、風をさえぎりながら渡っているようなものだ。風の吹き回しによっては、刑務所の中に落ち、運良く、追い風に押されて塀の外に落ちる人もいる」と言っていた。うまいことを言ったものだと感心したが、政治は一寸先が闇であることを知れば、一度や二度踏まれても「雑草のごとく生き耐える」力を備えていなければ務まらないと思う。

以前、ＫＳＤ事件で話題になった某参議院議員は、いみじくも「もののふ（武士）

のけじめとして」などと武士道の名台詞を残し辞職したが、結局は逮捕された。この人も裏では相当ヤバイことをやっていたようだが、その割には元気である。このくらいでないと政治家は務まらないことだろう。

それにしても自殺を選んだ政治家はその道を潔くあきらめ、他に生きる道をなぜ選択しないのか不思議でたまらない。よほど、政治家の金バッジに秘められた魅力が存在していることだろうと思わずにはいられない。

自殺大国日本

二〇〇二年以降、日本では年間三万二千人以上が自殺しており、人口に占める自殺率では先進国G7中一位、OECD加盟国では二位となっている。日本の自殺率は一日に換算すると平均八十八人、十六分に一人が自殺していることになる。

国別にみると、十万人に対しての比率では、リトアニアが四〇・二、ベラルーシ三五・一、ロシア三四・三、ラトビア二九・二、カザフスタン二八・八、ハンガリー二七・七、ガイアナ二七・二、スロベニア二四・六、ラトビア二四・三、日本二四・〇（二〇〇七年十一月、WHO資料による）という数字が出ているが、その後においても、その比率は変わる気配がない。

特にリトアニアのような、ロシアの旧ソ連に属する国においては、男性の自殺率が女性の約六倍と高く、とりわけ四十五～五十四歳の自殺率が高い。旧ソ連からロシアへの体制移行にともなうストレス拡大による影響もあって、男性の自殺の最大の原因はアルコールによる疾病が多い。しかし、旧ソ連地域ではソ連時代の一九八〇年代から世界的にみて、常に上位にあり、一九九一年末のソ連崩壊による社会混乱だけが大きな原因だけではないことが推測される。

さて、次に自殺に関する問題を日本国内に向けて考えてみたい。国内の自殺の多い順を、都道府県別に並べてみると、トップが秋田、次が青森、岩手、島根、新潟と続く。各県に見られる共通した県民性としては、内向的、律儀、几帳面、苦労性、ばか正直、融通がきかないなど、日本人独特の気質が大きな要因となっている。

また、日本海側では自殺が曇天と降雪が続く冬に集中するとも言われているが、これらを考えてみると、気候が人間心理にマイナス的な影響を与え、悩みを抱える人を自殺に走らせる原因ともなっている。

さらに、日本人の自殺の多い原因としては、経済問題、健康問題がトップにあげられる。その内訳として多い順に記述すると、借金・事業不振・生活苦・失業・就職失敗などである。こうした事情のあるところへ、うつ病などの精神的疾患が拍車をかけているという面があることも事実である。

特異性のある自殺としては、以前からインターネット上で知り合った若者同士が仲間を集め、一緒に自殺する事件が多発している。さほど理由がなくても、「楽に死ねる」方法を皆で話し合い、しちりんで炭をたく一酸化炭素中毒、睡眠薬などの薬物をつかい、自殺を決行する。初めて会った人間と一緒に死を選ぶことの奇異性などから、ニュースとしてたびたび報じられている。また、特筆すべき理由としては、サラ金からの過酷な取り立てが原因となっていることも多い。また、二〇〇七年秋から、これもインターネットが原因して、硫化水素自殺が一気に多発し、二〇〇八年二月頃から急増している。苦しまずに楽に死ねる方法として連鎖反応的に広まっているが、まことに憂いの多い事態である。

このような嘆かわしい自殺大国日本の姿だが、二〇〇八年九月のアメリカのリーマンブラザーズの破綻をきっかけに、資本経済の根底をくつがえすような経済不況が世界的規模で蔓延し、日本においても、同年の春先からの原油価格の急騰による諸物価の値上げ、急激に襲ってきた不況による臨時雇いの人員整理、さらに終身雇用制度の崩壊によるフリーターの増加など、行政はさらに悪化する傾向にあり、生活苦の自殺は減るどころか、さらに増大することは間違いないと予測される。

したがって、自殺大国の汚名は当分消え去ることはないだろう。

死の連鎖、相次ぐ硫化水素自殺

この本の後半を書き始めていた二〇〇七年秋頃から、硫化水素自殺という言葉が耳に入り始めた。そして、二〇〇八年になって二月頃になると、この自殺が急増した。インターネットで、「苦しまずに確実に死ねる方法」として、薬剤の調合の仕方、また「ガス発生中、この部屋に入るな」などの張り紙、また、部屋の通気口の粘着テープなど、具体的にその手順が書かれた記事が氾濫し、その影響で、この自殺が一気に連鎖的に急増した。

二〇〇八年の二月、インターネットの有害情報を監視する民間団体から、二件ほど、極めて有害であるという情報提供があったという。その影響が実に大きく、その後、全国各地でこの自殺が多発する事態になった。五月には警察庁の委託を受けた有害情報を監視する「インターネットホットラインセンター」が七十六件の情報に対し削除要請したところ、五十六件が削除されたことが明らかになっている。

ちなみに、硫化水素というのは、卵の腐ったような臭いで、温泉地の硫黄の臭いを想像してもらいたい。一〇〇〇ＰＰＭを超える濃度のものを数回呼吸しただけでも昏睡死亡するという。致死量は三〇〇ＰＰＭだといわれているが、空気より重いため、部屋の下方に停滞する。加熱すると爆発するが、知らないで部屋に入った人もその犠牲になる可能性が高く、家族・近隣者を道連れにすることが多い。迷惑この上ない方法である。

いずれにしても、社会問題として大きな問題を投げかけているが、自殺者当人は、この迷惑千万な自殺方法を一体どのように思っているのだろうか。あとは野となれ山となれではないが、自殺後のガス・薬害の後片づけ、近隣住民への迷惑、また、道連れとなった人がいた場合、その補償等、残された問題は山積されることは明らかである。確かに、当人は苦しまず、確実に楽にあの世にいけるかもしれないが、この自殺方法ほど残された家族、近隣者に極めて迷惑がかかる方法はない。

また、霊研究の立場からも、自殺後の苦しみは、霊になっても継続し、それも意識を持って耐えなければならないことを自覚すべきだと言いたい。もちろん、霊化しても意識があるために、現世の欲望・感情はまったく同じように残るのである。自殺をしても「しまったー。こんなはずではなかった」ということが、霊になって分かったところでもう遅い。

もし、現在、硫化水素で自殺を計画している人がこの本を読んでいるならば、霊になった自分の姿をまぶたに浮かべ、おやめになることを筆者は懇願する。そのことを心から念じ、この項目を終わることにしよう。

終章

魔のＪＲ中央線の謎を解く！

寺や墓地の中をＪＲ中央線は走る

人身事故といえばＪＲ中央線、ＪＲ中央線といえば人身事故と、とっさに頭に浮かぶ。今や自殺の名所（？）として不動の地位を他に譲らない。無理もない。多い日には午前中だけで三人が飛び込んだこともあるという。

ここでは、各駅の飛び込み状況をいちいち検証するのではなく、総合的にＪＲ中央線沿線として検証してみることにしよう。

まず、一霊能者の立場から、なぜ、ＪＲ中央線沿線に集中するのかを解き明かすことが順序であり責務だと思う。また、読者の諸氏もそれを知りたいことと思う。もちろん、物理的にそれらしい理由も存在するので、後で取り上げてみよう。

まず、東京の地図を広げてもらいたい。新宿駅から高尾駅までの区間で、駅名に寺がつく駅が何カ所あるのだろうか。調べてみた。

まず、新宿駅からスタートして、高円寺、吉祥寺、国分寺、西国分寺と至近距離につらなっている。駅に「寺」がつかなくても、その沿線には名だたる寺や墓地が多い。永福寺・善福寺・深大寺・多磨霊園・小平霊園など……。特に、高円寺南、梅里はまさしくお寺団地である。ちなみに、駅名に「寺」がついていても、該当する寺がないのが吉祥寺。よく調べてみたところ、駒込にある。江戸の大火で駒込の吉祥寺から移り住んでつけられた名前だという。

このような環境の中を、ＪＲ中央線は走っている。

私は、自分が霊感体質のためか、墓地や寺に近くなると体が反応を示す。体が重くなってくる。とにかく霊が多く集合している場所である。よく体験することだが、高尾駅前の国道二〇号線から元八王子へと車を走らせ、五分も行くと、東京霊園・八王子霊園にぶつかる。その手前から急に体が重くなる。このような現象は、今までの霊研究から言わせてもらうと霊が蝟集《いしゅう》している証拠である。霊が蝟集して集団化すると、大きな力を発揮できるようになる。

次に、ちょっと専門的になるが、ある話を紹介しよう。これは、月刊「日本神学」（昭和四十六年五月号）に掲載された、中野裕道氏の「墓相学への疑問」という実話の記事である。

※

■墓参りの不可解な死

M寺の檀家で豆腐屋をしていたEさんが亡くなった。息子は一人前になっていたから、家業に問題はなかったが、この息子、どういう風の吹き回しか一念発起し、毎朝、近くの寺へ墓参りする習慣がついた。よく続くものだと住職は感心して見ていたが、ちょうど一年と二カ月目に、病人でもないこの息子が、テレビを見ていて気持ちが悪くなり、夕方、横になったきりで、その晩のうちにあの世へ逝ってしまった。

さらに、その息子の母親が翌月、朽木が倒れるように逝ったのである。

同じ寺の別の檀家で、これはお寺の世話人の女房だったが、近所へ嫁に行っていた娘が亡くなってから毎朝のように墓参りする習慣がついた。それから六年目のある日、畠へ出かけたまま帰って来ないので捜しに行ってみると、井戸に落ちて死んでいたという。

畠の井戸には縁がないから、何かの弾みに前のめりになったら、忽ちドボンである。この畠は鬼門に当たっていたとかで、間もなく他人の手に渡ったということである。

（中略）先祖霊の中でも、気のきいたものは墓地になどいないと私は思うのである。マルコ伝の第5章に、墓地に住みついている狂人をイエスが治したことが書かれてあるが、狂人の躰を立ち退いたレギオン（軍団）という多数の霊が、付近に飼育されている二千頭の豚の群に憑依したため、それらの豚がことごとく崖から湖水へ落ちて狂い死にしてしまったという。心霊資料としても面白い挿話である。

二千頭もの豚を狂わせる強力な霊団が、総がかりで一人の人間を狂わせていたことを知ると、人間を変調せしめる病霊がいかに多数の集団を構成しているか、恐ろしい思いがするが、要するに、墓地は清浄な場所ではない。私は、墓地に先祖の霊がまったくいないと言っているのではないが、墓地を常用の住処《すみか》としている霊というものがあれば、恐らくそれは無縁に近い放浪霊でないかと思われるのである。

※

中野氏は、単なる墓参りという一つの信仰行為の危険性を訴えたが、ことさら墓相学の指導により墓をつくったところで、このような問題が発生していると指摘していることと、墓地には無縁霊などの霊団がいることを強調し、それらが大きな力を備え持っていることを述べている。
次に、私の師である丸山天霊師の「植物霊物語」から、次の話も付け加えておこう。

迷霊といえども、なかなか実力を持っていますし、迷霊々団ともなりますと、大きい組織を構えて現世人たちを利用し、この世で大きな作業をしているわけです。したがって、一つの系列に入らないと邪魔をし、迫害や制裁等を加えることを簡単にやってのけています。原則として、迷霊一体では何もできないのであって、また、私たちの肉体は、一体や二体の迷霊の作用で動かされるものではありません。霊障は何千何億という迷霊どもによって発生してくるものだということを、認識しておいていただきたいものです。

両氏の述べていることでお分かりいただけたと思うが、霊は一体や二体では何もできないものであるが、集団化すると大きな力を保持し、人間の命をとることなどは朝飯前になる。そのような力を持った集団が寺や墓地を拠点とし、そこを「基地」

としてうごめいていることである。Ｍ寺の話は、そのような墓地へ参ることの危険性を訴えている。

寺や墓地は霊団の基地

とにかく、寺や墓地にはこのようなパワーを持った霊の集団が存在することをここでよく理解してもらいたい。ＪＲ中央線は、地図を見れば一目瞭然、沿線の両サイドに無数に寺や墓地が点在する。まるでそれらの縄張りの中を走っているようなものだ。丸山氏の説ではないが、霊は集団化を目指し、集団に入らない場合は迫害や制裁までも加えるという。これらが、プラットホームで自殺を企て意識がもうろうとしている者にとり憑く可能性は十分ありうることだ。

さて、これらの霊団が本当に人間を朝飯前に殺すようなことをするのだろうかと疑問を持つ読者も多いことと思う。話は少しわき道にそれるかもしれないが、自殺との関連性がまったくないわけでもないので記述してみよう。

中野氏・丸山氏の霊の集団化の説に対して、ある事件を起こしてから、私にはまったく疑う余地がなくなってしまった。それは、これらの霊団に対して敵対行為を計画し、その直前にある事件が発生し、あっけなく一命を犠牲にすることになったからである。それも、即死である。まさしくJR中央線に飛び込んだも同じである。

その敵対行為とは、もちろん、先方にとっては極めて嫌がる行為である。つまり、その拠点としている基地の排除、分かりやすく言えば基地の除霊である。これは、先方においては戦々恐々とする一大事である。

よせばよかったものを、私は宣戦布告の日を発表してしまった。情報をすべて察知された結果であろう、除霊を決行する二日前に中止せざるを得ない大事件が勃発した。国道一号線で、私が関係している運送会社の女性が即死したのである。居眠りトレーラーが反対車線から飛び込み、その直撃をまともに受け、運転席が半分すっ飛んでしまった。

これだけの事故だから、当然、除霊は中止になった。

後で分かったことだが、私が除霊をしようとした寺院の宗派と彼女の家の宗派が同じであった。同じ仲間内だから、相互の霊同士の情報交換が自由にできる。この事故は、霊団によって、緻密な計算のもとに決行されたことが後で判明したが、このようなことを朝飯前にやってくれることを、この事件で痛烈に思い知らされた。

以後、二度と寺院の除霊はやっていない。

その後、あるインターネットのホームページでも次の内容が掲載されていたが、私以外にもすでにこのことが分かっている人もいるものだと、妙に感心したものである。それを次に紹介しよう。

「そして、彼らが人格化している以上は、彼らの感情を逆なでするようなことをすれば、それなりの反撃があるのは、まさしく道理というものです。したがって、そうした場所に興味本位で入り込んだり、よりによって『キモ試し』するなどとは、自殺行為です。他人の家の中に土足で踏み込むのも同じことだからです」。

このような力を持っている霊団の「基地」の中を、ＪＲ中央線が走っている。霊的環境から言えば、極めて霊的に汚染されている中を走っていることになる。

自殺者の霊の誘い

さて当然のことではあるが、駅での自殺者はプラットホームから飛び込む。すると、一度決行されたホームからは、二度三度と飛び込みが増える。

これは、次のような理由からである。

自殺した人は、死んでも意識を持ってその痛さをこらえながらプラットホームをさまようことになる。痛さを訴えても普通の人には分からない。訴えても訴えても、分かってもらえないから、行動を起こす。その行動が自殺者の誘導である。したがって、自殺を決行する意志がさほどなくても、それらの霊に、袖を引き込まれることになる。飛び込みを目撃した人の話によると、まるで吸い込まれるようだったと言っているが、納得できる話でもある。

交通事故の多い踏切や交差点も、これと同じことが言える。通称、魔の踏切と言われる場所も、同じように、このような霊の訴えが多い。霊に誘導されるから、本来ならそこで止まることのできる人や車が、その日に限って遮断機を乗り越え、事故に遭う。

いずれにしても、魔のプラットホーム、魔の踏切、魔の交差点と言われる場所に身を置いたときは、引き込まれないように注意することが肝心である。

自殺の多い物理的な理由

なぜＪＲ中央線に人身事故が集中するのかについて、今まで一霊能者の視点から分析してみたが、当然、物理的にも自殺をしやすい理由がある。

それでは、それを次に箇条書きにしてあげてみよう。

1. 車体の色がオレンジ色であることに問題ありという説。オレンジ色は引き込まれそうな気がする。車の場合でも、オレンジ色や赤い色の車は、飛び込まれる率が高いという話がある。

2. 風水学上、首都圏から直線的に伸びているのが良くないとの説。あの直線は、ある意味で「異様さ」を感じる。また、高尾から副龍脈というものがあって、その上をＪＲ中央線は走っている。

3. 発車時に流れる音楽が、精神的に沈むような旋律が多く使われているという説。これは、以前、あるテレビ番組で検証したもので、他の路線と比較して多く、この音楽が使われているという。

4．通過電車が多く、しかもＪＲ山手線よりはるかにスピードが速く、成功率が高いという説。並行する京王線では、自殺の多い某駅で通過電車をホームから離したところ、十年に二人に減った。速度の点では、新幹線では速すぎて恐怖感が生じるとのこと。

5．「ＪＲ中央線は自殺の名所だから」という説。人間には変な心理があって、名所へ行ってみたり、あやかりたいと思うところがあるようだ。どうせ決行するなら名所で、という心理が働くらしい。

以上、私の知っている限りでいろいろな情報を参考にしてあげてみたが、これに対し、読者の諸氏はどのような判断をくだされることだろうか。

風水からみたＪＲ中央線の立地

私が風水という言葉を耳にして興味を持ったのは、ライブドア事件で堀江貴文氏が逮捕された時である。

その頃、この事件に関して風水上のある噂を耳にした。時代の最先端をいく企業が、なぜ風水なんぞと関係があるのだろうかと最初は疑心暗鬼だったが、事件当時、風水による判定から、ライブドアと同地に出店している外食産業が撤退したことを聞いた。莫大な予算をかけ最高の立地に出店したはずだが、よほど、判定に信憑性《しんぴょうせい》があるに違いないと思うようになった。それ以来、風水に関心を持つようになったのである。

ここで、風水に関して知識がない方のために概略を説明しておこう。

最近、風水が定着し、気の力、気の流れを重視する傾向が生まれてきたが、風水は中国四千年の歴史に培われた膨大な経験則、統計値を基本とした環境学である。環境のすべてを使って運を開いていく方法で、衣食住、行動などのあらゆる環境を整備して運を変えていく方法でもある。

風水の基本は、「風」すなわち空気と「水」で、両者は私たち人間にとって不可欠なものである。また、「大地の気は風によって散り、水によって集められる」と中国の古典の一説にもあるように、良い気を取り込むために風と水を操る操作術ともいえる。これを「蔵風聚水《ぞうふうじゅすい》」と言っており、風水の中心的考えである。

なお、風水は形法風水と理気風水に分けられ、形法風水では大地における気の流れを重視し、龍脈から気の流れがたまり場のようになっている所に都市や住宅をつくるのがベストであると言われている。そうすれば、その地に優秀な人材や富に恵まれた環境が生まれると考えられている。

一方、理気風水は、方向方位の吉凶を重視し、個人の生年月日によって決定される方向方位の吉凶により住宅や墓の方位、住居内の設計および配置などを決める。

このような風水上の理論により、最近、都市や住宅をつくる上で、風水による影響を考慮し、企業でも風水の体系を取り入れるところが多くなってきた。

さて、JR中央線が走っている立地においても、この風水上の分析が可能であり、そこに自殺が多発する原因があるかもしれない。悪いことが起こる場所は、当然、風水上でも悪い理由があるはずである。この点を、風水の分野で著名な松永修岳先生が主宰する風水環境科学研究所で聞いてみた。以下は、その聞き取りである。

※

霊峰富士山より、神聖な龍脈（気脈）が甲州街道を通って皇居に向かって流れておりますが、その支流とも言える副龍脈が、それと並行しています。まさに、この副龍脈の上をJR中央線が走っております。そのため、JRの送電線の電磁波の影響を受け、この副龍脈の気が乱れ、まるで「暴れ龍」のようにふるまい、普通は真っすぐに流れる気がトゲのようになり、風水でいうところの「殺気」を放っています。この「殺気」は、人間を自滅へと追いやるような性質を持った「殺気」です。

人間を自滅へと追いやる「気」は、薔薇のトゲのような形状をしています。こういった「殺気」がＪＲ中央線を走っているのですから、ＪＲ中央線で自殺が多いのも当然と言えます。

これを防ぐ方法としては、線路の下に炭《すみ》を理めるなどして電気的なアースを十分行うことが考えられますが、莫大な費用がかかりますので、現実的には難しいと言えるでしょう。

※

以上、風水の観点から貴重なご意見をたまわったが、世の中のことはすべて、結果があるところに原因ありで、風水上でも明らかにその原因が究明され、読者の諸氏も十分納得されたことと思う。しかし、原因が分かったとしても、その解決策には膨大な費用がかかるため、簡単には解決の糸口はなさそうである。

あとがき

最後に一言申し上げたいことがあるが、その前に私の立場を話しておきたい。私は十六歳の時に、ある霊能者に弟子入りしたが、その師は神道の立場から霊問題を解決する方法を打ち立てていた。現在、私も神道の道を歩み、神職の立場である。ただ、霊の動きが分かるために、この本を書くことになった。

最近の自殺件数の多さに対し、真っ先に動き始めたのは、宗教関係者においては仏教者である。坊さんの中には、自分の寺を駆け込み寺として解放し、相談にのっている人もいる。また、ネットワークで自殺防止の輪を構築し、宗派を越えて活動を展開している人たちもいる。過日、仏教関係者の自殺防止のシンポジウムに参加したが、まさに頭の下がる思いがした。

神道関係者は、死に対する接点が少ないこともあって（最近では神葬祭が増えている傾向だが）、この問題には何ら行動を起こしていないのが実情である。同じ神仏に仕える立場から、神道関係者も仏教関係者を見習い、これらの問題で行動を起こすべきだと提唱する。

平成十五年度をピークに、八年続けて年間三万人以上が自殺している。平均して一日に八十八人、一時間に三・六六人、十六分間に一人が自殺で命を落としている。私がこの本を書くために一服し、コーヒーをすすっている、そのわずか十六分間に一人が自殺で命を落としているのである。こうした状態に対し、国も平成十八年度に自殺対策基本法を成立させ、その対策に乗り出したが、果たして国の対策で、どのくらい自殺が防止できるかは定かではない。

私は霊能者の立場から、自殺問題に対し、少しでもお役に立てばと思い、この本を執筆することになった。本書を読んで分かっていただけたと思うが、自殺をすればすべてが終わりでないことを、霊研究の立場から嫌というほど分かっているからである。この書を読まれ、「そういうこともあるものか」と思い、自殺を踏みとどまっていただければありがたい限りである。

私は霊の存在が分かり、また、霊の訴えなどが分かるばかりでなく、それらの霊を神道の高天原と同じような霊界に誘導して救済できることを、最後にここで再び強く申し上げておきたい。

自殺をしても「こんなはずではなかった—」と悔やんでみても、すでに霊となった身の上、そのことを訴えても分かってくれる人は誰もいない。しかも、自殺した状態で意識を持ったままその苦痛に耐えている。これが、肉体なき後の本当の姿であり、結末でもある。

私が誘導する霊界には、例えば、電車に飛び込みグシャグシャになった霊魂などを元の形に戻す病院のようなものが完備されている。また、病気の人は霊魂の病を治すこともする。これは、死んだ状態をそのまま維持している霊に対して絶対不可欠な対処方法である。このような処置をしないことには、自殺者が出た場合、その家族、その子孫に対し、その影響が多分に現れるからである。世間一般的に、自殺者が出た家庭、家族にあまり良くないことが起きると言われているのは、この事由による。

私が自殺の現場で霊を救済する方法は、霊を霊界に誘導する祝詞を唱え、まず、順序として霊界の病院へ送る。そこで正常な霊魂の状態に戻し、そのあとからしかるべき霊界に誘導する。この方法で、自殺の名所から徐々に浮遊している霊が減っていくことが分かる。したがって、私が現場へ行って何回もこの祝詞を唱えると、今まで写真の画面に現れていた霊がだんだん少なくなり、写真には写らなくなる。

まだ、現状ではテスト中だが、一度の行為で何柱（霊魂のことは柱という）誘導されるか、その数はまだ把握していないが、いずれにしても、写真に撮れなくなった時が、完全にすべての霊を霊界へ誘導した時である。

霊の写真が撮影可能になったことで、具体的にその解決のプロセスが分かることは、宗教分野においても画期的なことであることと自負している。また、宗教上の持つ客観的意義においても影響が現れることではないかと思う。できれば、自殺防止に積極的にご奉仕されている仏教関係者の方に、この霊の実態を理解していただければ幸いだと思う。

なお、自殺後の霊の問題、その他、霊の諸問題などについて、ご相談ご質問がある場合は、奥付ページのプロフィールにある連絡先へにお問い合わせください。

◎**参考文献**

「植物霊物語」丸山天霊・著　新生出版
「自殺のコスト」雨宮処凛々・著　太田出版
「あなたの死後の運命」丹波哲郎・著　文香社
「青木ヶ原樹海を科学する」早野梓・著　批評社
「生き方を創造する生命科学」川田薫・著　たま出版
フリー百科事典「ウィキペディア」

☆著者略歴

斎藤 斎霊（さいとう さいれい）

1942年、山梨県生まれ。

パシフィックウエスタン大学哲学科卒業、哲学修士、神職。

16歳の時、病弱のため、天霊神霊研究所の門をたたく。その後、所長の丸山天霊師に師事し、霊魂問題について研鑽をつむ。

幼少からの自身の霊体験を生かし、亡き天霊師の遺志を継いで、神霊道場を開設。多くの霊障問題を解決する。

アシレス研究所所長
神霊フォーラム・アシレス主宰
著書に「悪い神に騙されるな！——その判別は裏の眷属霊をあばけ」「子供は親を選べない——先祖の因縁と子供への影響」

監修として「魂清浄の神法」「植物霊物語」がある。

●連絡先●
神奈川県相模原市渕野辺本町２－１７－１４
電　話　０４２（７５１）２５５８
E-mail　GGG03445@nifty.ne.jp

魔のＪＲ中央線　～自殺霊の撮影で判明したこと～

2009年５月25日　初版第１刷発行

著　者　斎藤 斎霊
発行者　韮澤 潤一郎
発行所　株式会社 たま出版
〒160-0004　東京都新宿区四谷4-28-20
☎ 03-5369-3051（代表）
FAX 03-5369-3052
http://tamabook.com
振替　00130-5-94804

印刷所　株式会社エーヴィスシステムズ

ISBN978-4-8127-0282-6　C0011